सुख़न रंग

सुख़न रंग

उर्दू शायरी का संकलन

प्रेम कुमार 'नज़र'

हिन्दी रूपान्तरण

ज़ाहिद अबरोल

वाणी प्रकाशन

वाणी प्रकाशन

4695, 21-ए, दरियागंज, नयी दिल्ली 110 002

फ़ोन : +91 11 23273167 फ़ैक्स : +91 11 23275710

शाखाएँ

अशोक राजपथ, पटना 800 004, बिहार

कॉफ़ी हाउस कैम्पस, महात्मा गांधी मार्ग, इलाहाबाद 211 001, उत्तर प्रदेश

महात्मा गांधी अन्तरराष्ट्रीय हिन्दी विश्वविद्यालय, वर्धा 442 001, महाराष्ट्र

www.vaniprakashan.in
marketing@vaniprakashan.in
sales@vaniprakashan.in

SUKHAN RANG
by Prem Kumar 'Nazar'
Transliteration by Zahid Abrol

ISBN : 978-93-88434-56-0
Urdu Poetry

प्रथम संस्करण

मूल्य : ₹ 295

एम.एस. प्रिंटर्स, दिल्ली-110 093 में मुद्रित

वाणी प्रकाशन का लोगो मक़बूल फ़िदा हुसेन की कूची से

उनको

समर्पित

जिन्हें उर्दू नहीं आती

'सुख़न रंग'

प्रेम कुमार 'नज़र' के नाम और कलाम से मेरा पुराना परिचय था, लेकिन अधूरा था। अधूरा यूँ कि उनकी ग़ज़लें भारत में शम्स-उर-रहमान फ़ारूकी की पत्रिका 'शबख़ून' में और पाकिस्तान में डॉ. वज़ीर आग़ा के 'औराक़' में छपती थीं और वह भी कम-कम। वे बहुत कम, लेकिन ठोक-बजाकर शेर कहने वाले शाइरों में हैं। यही कारण है कि उनके अब तक सिर्फ़ दो संग्रह सामने आये हैं। ख़ैर, तो उनसे मेरा पूरा परिचय शाइर-दोस्त स्व. आज़ाद गुलाटी ने करवाया। सन् 1980 में आज़ाद मरहूम ने प्रेम कुमार 'नज़र' का पहला संग्रह 'लोहे-बदन' देते हुए कहा कि इस पर अपनी राय और रसीद तुम 'नज़र' को भेजना। 'लोहे-बदन' पढ़ने के बाद मैंने उन्हें ख़त लिखा। पिछले साल यह देख-जानकर फ़ख़्र भरी ख़ुशी हुई कि वह ख़त उनकी फ़ाइल में अब तक महफ़ूज़ है।

प्रेम कुमार 'नज़र' का जन्म 3 फ़रवरी, 1936 को होशियारपुर के एक गाँव में हुआ। यह ज़माना तरक़्क़ीपसन्द तहरीक के भी पैदा होने का ज़माना है। दूसरे शब्दों में 'तहरीक' और 'नज़र' साथ-साथ जवान हुए। 'नज़र' जब बी.ए. करने के लिए कॉलेज में दाख़िल हुए तो तरक़्क़ीपसन्द शाइरी फ़ज़ाओं में छायी हुई थी। "उस ज़माने में कॉलेज के नौजवानों को दो चीज़ों में दिलचस्पी होती थी। एक इश्क़ और दूसरा मार्क्सीज़्म।" दोनों का उम्र से गहरा रिश्ता जो ठहरा। 'नज़र' आगे बताते हैं कि "मैंने भी साहिर लुधियानवी आदि के अनुकरण में इश्क़िया नज़्में कहना शुरू कीं। उस ज़माने में ग़ज़ल कहना मुझे बहुत मुश्किल लगता था।" नज़र का मामला यहाँ परम्परा से उलट है। उर्दू शाइरों में अक्सर ने अपना शेरी सफ़र ग़ज़ल से शुरू किया है। लेकिन अब उनका कहना है :

"शाइरी में मैं सिर्फ़ ग़ज़ल पढ़ता हूँ। नज़्म मुझसे पढ़ी नहीं जाती।

नज़्म और ग़ज़ल में फ़र्क़ करूँ तो नज़्म मेरी दानिस्त (जानकारी) में ध्रुपद है और ग़ज़ल ख़याल। ग़ज़ल को अंग्रेज़ी में INTELLECTUAL EROTICA भी कह सकते हैं।"

नज़्में कहते और दिल्ली से निकलने वाले उर्दू रिसाले 'सरिता' में छपते 'नज़र' ने राजनीतिशास्त्र और अंग्रेज़ी साहित्य में एम.ए. किया। पैंतीस बरसों तक वह विभिन्न कॉलेजों में अंग्रेज़ी पढ़ाते रहे।

पढ़ाने वालों की एक ख़ूबी यह होती है कि पढ़ना उनके लिए ज़रूरी नहीं रह जाता लेकिन 'नज़र' ने यह सिलसिला छोड़ा नहीं। यही सबब है कि सन् 1960 के बाद उर्दू शाइरी में जो मोड़ आया, उसकी आहटें उन्होंने भी महसूस कर लीं। उस ज़माने में पंजाब से तीन तवाना आवाज़ें उभरीं—स्व. बिमल कृष्ण 'अश्क', स्व. आज़ाद गुलाटी और प्रेम कुमार 'नज़र'। 'अश्क' ने ग़ज़लों के साथ नज़्में भी कहीं और ख़ूब कहीं। 'आज़ाद ने ग़ज़लें कहीं और आलोचना लिखी। इसके अलावा 'ट्रिब्यून' चण्डीगढ़ में समीक्षाएँ और कॉलम भी लिखे। इन तीनों में कई समानताएँ भी थीं। तीनों अंग्रेज़ी के प्रोफ़ेसर थे, तीनों शाइर थे और तीनों अज़ीज़ दोस्त थे। तीनों एक-दूसरे के क़द्रदान, सच्चे शाइर और अच्छे इनसान। तीनों का लगभग एक ही मक़सद कि डूबकर शेर कहो। 'नज़र' तो कहते ही हैं कि—

"एक शाइर या अदीब को 75 प्रतिशत पढ़ना चाहिए और 25 प्रतिशत लिखना चाहिए।"

यही सबब है, जैसा कि पहले कहा जा चुका है कि 'नज़र' के सिर्फ़ दो कविता-संग्रह सामने आये हैं। पहला 'लोहे-बदन' (1979) और दूसरा 'लोहे-जहाँ' (2013) आपने भी ग़ौर किया होगा कि 'लोह' शब्द दोनों में मौजूद है। 'लोह' अरबी शब्द है जिसका अर्थ है लिखने की तख़्ती, क़ब्र के सिरहाने का पत्थर, वे बेलबूटे जो किसी क़िताब के प्रारम्भ में बना देते है। इसी से लफ़्ज 'लोहे-महफ़ूज' बना है यानी वो तख़्ती जिस पर ईश्वर ने संसार में होने वाली घटना के सम्बन्ध में प्रारम्भ से अन्त तक लिख रखा है और जिसमें किसी तरह का कोई परिवर्तन सम्भव नहीं है। इनके संग्रह में 'लोहे-आब'—पानी की तख़्ती भी आया है। दूसरे संग्रह 'लोहे-जहाँ' को देखकर बेसाख़्ता 'ग़ालिब' का यह शेर याद आता है—

या रब ज़माना मुझको मिटाता है किसलिए
लोहे-जहाँ प हर्फ़े-मुकर्रर नहीं हूँ मैं।

लोहे-बदन की भूमिका लिखते हुए पाकिस्तान के प्रसिद्ध शाइर-आलोचक स्व. डॉ. वज़ीर आगा ने लिखा था :

जिस तरह अजन्ता और एलोरा के बुततराशों ने पत्थर को इज़हारे-जज़्बात (भावनाओं की अभिव्यक्ति) का वसीला (माध्यम) बनाया, उसी तरह प्रेम कुमार

नज़र' ने बदन को अपने लतीफ़ अहसास (पवित्र/सूक्ष्म संवेदना) की तर्सील (सम्प्रेषण) के लिए एक ज़रीया मुतसव्वर (विचार) किया।

लेकिन शम्स-उर-रहमान फ़ारूक़ी के ख़याल में "ज़ाहिरी जिस्म दरअसल तसव्वुर का अक्स मालूम होता है।" आगे बढ़ने से पहले 'लोह-ए-बदन' के शेर देखें—

इक शख़्स जिससे मेरा तआरुफ़ नहीं मगर
गुज़रा है बार बार मुझे देखता हुआ

रख दी है उसने खोल के ख़ुद ज़िस्म की किताब
सादा वरक़ प ले कोई मंज़र उतार दे

जी चाहता है हाथ लगाकर भी देख लें
उसका बदन क़बा[1] है कि उसकी क़बा बदन

पढ़ा था जो क़िताबे-ज़िन्दगी से
वही लोहे-बदन पर लिख दिया है

मिट्टी का जिस्म ले तो चले हो ये सोच लो
इस रास्ते में एक समन्दर भी आयेगा

जब भी मिला तो हाथ में पत्थर उठा लिया
जैसे मैं उसके हक़ में कोई आईना हुआ

उसी के ज़िक्र से हम शहर में हुए बदनाम
वो एक शख़्स कि जिससे हमारी बोल न चाल

करेगा कौन उसे साज़िशे-बदन में शरीक
जो शख़्स क़ैद अभी रूह के क़फ़स में है

---

1. लिबास, पोशाक।

ये सही है कि प्रेम कुमार नज़र के इस मज्मूए (कविता-संग्रह) यानी 'लौहे-बदन' में जिस्म और जिन्स की हैसियत अव्वल है लेकिन इस बात से इनकार नहीं किया जा सकता कि 'नज़र' ने जिस्म की लज़्ज़त से रूह तक उतरने का अनुभव किया है। आख़िरी शेर का मिज़ाज जनक के कर्मयोग का बयान भी हो सकता है। जाँनिसार 'अख़्तर' का एक शेर है–

सोचो तो बड़ी चीज़ है तहज़ीब बदन की
वरना तो बदन आग बुझाने के लिए है

मेरे नज़दीक 'लोहे-बदन' का शाइर बदन से .ज्यादा 'तहज़ीबे-बदन' का शाइर है।

जैसा कि पहले कहा गया कि उनके दूसरे संग्रह का नाम लोहे-जहाँ' है जिसे पढ़ते हुए लगता है कि 'नज़र' की नज़र बौद्धिक कामुकता के वसीले से भी दुनिया को देख रही है। और ग़ज़ल की अभिव्यक्ति में वे बताने से अधिक छिपाने को तरजीह देने लगे हैं। मैंने पहले भी कहीं लिखा है कि अगर ग़ज़ल को, अभिव्यक्ति को ध्यान में रखते हुए, परिभाषित करना हो तो 'फ़ैज़ का यह शेर पर्याप्त है–

वो बात सारे फ़साने में जिसका ज़िक्र न था
वो बात उनको बहुत नागवार गुज़री है

ग़ज़ल इसीलिए इशारे का आर्ट है कि उसमें जिस बात का उल्लेख नहीं होता, वही नागवार गुज़रती है। अब नज़र का वह शेर देखें–

यूँ तो कहने को बहुत कुछ था ग़ज़ल में लेकिन
लुत्फ़ की बात वही है जो निहाँ रह जाये

'नज़र' के यहाँ बात को निहां (गुप्त) रखने का हुनर, रोज़-ब-रोज़ निखरता हुआ, अब उस मंज़िल में है जहाँ से आगे वह दौर शुरू होता है जो नश्वरता का अस्तित्व और अस्तित्व की नश्वरता में भेद न कर पाने का है। बक़ौल 'ग़ालिब' "हरचन्द कहें कि है, नहीं है"

जो हर्फ़ लिखना उसे लौहे-आब[1] पर लिखना
जो नक्श करना सरे-सत्हे-आबजू[2] करना

हो रहा है कुछ-न-कुछ ज़ेरे-ज़मीं
कोंपलें फूटीं गुलाब आया नहीं

1 पानी की तख़्ती, 2 नदी की सतह पर।

'मीर' ने कहा था—

आँख हो तो आईना ख़ाना है दहर
मुँह नज़र आता है दीवारों के बीच

'नज़र' कहते हैं :

शायद इसे कहवेंगे मिरा कश्फ़े-बसारत
चेहरा-सा निकल आया है दीवार में साहिब

यह ग़ज़ल 'मीर' ही की ज़मीन में है और छन्द भी वही है। मौज़ूअ भी क़रीब है 'मीर' के लेकिन कश्फ़े-बसारत (आत्म-शक्ति के द्वारा गुप्त बातों का ज्ञान या गुप्त चीज़ों को देख लेने, पहचान लेने वाली अन्तर्दृष्टि) ने 'आँख' की जगह 'चेहरा-सा' का इस्तेमाल इसे 'मीर' से अलग भी करता है। 'कहेंगे' की जगह 'कहवेंगे' मीर-युगीन शब्द है जिसका बसारत वालों से सम्बन्ध, भाषा के स्तर पर भी, सम्भव है। 'मीर' के यहाँ 'मुँह नज़र आता है' लिखा गया है और यहाँ, 'चेहरा' नहीं, चेहरा-सा निकल आया है। इसे अन्तर्पाठात्मकता की मिसाल भी माना जा सकता है।

कविता में शब्द के माध्यम से रहस्य पैदा किया जाता है, इसका एक नाम सृजन भी है। पढ़ना, व्याख्या और आलोचना इस रहस्य को पाना या खोलना है। 'लौहे-जहाँ' में 'नज़र' के ऐसे कई शेर हैं जो सूफ़ी परम्परा, भारतीय दर्शन और आज की अभिव्यक्ति के उदाहरण हो सकते है—

अजब निज़ाम फ़ना-ओ-बक़ा[1] का है कि जहाँ
वो जी उठेंगे दोबारा जो मरते जाते हैं

उसी ने रक्खा है महरूम रोशनी से मुझे
मिरे वजूद के चारों तरफ़ जो हाला है।

जिस्म पर नाम न लिखना अपना
ये है मिट्टी में उतरने वाला

---

1 नश्वर और अमर।

.ख़ुश्क लब लौटे हैं क्यूँ सहरानवर्द[1]
रास्ते में क्या सराब[2] आया नहीं

सभी .ख़ुद अपना अपना हाल कह लें
यहाँ पुरसिश[3] का वक़्फ़ः[4] मुख़्तसर[5] है

क्या रख़्ते-सफ़र[6] बाँध के ख़्वाबों के सहारे
उस शहर को जाते जो हक़ीक़त में नहीं था

कहाँ गुम हो गया है अहदे-रफ़्ता[7]
कभी आओ तो मिलकर ढूँढ़ते हैं

'नज़र' क़ौल से .ज़्यादा कैफ़ीयत के शाइर हैं। ग़ज़ल का कमाल भी यही है कि वह कैफ़ीयत से क़ौल बनती है, तख़्सीस से तामीम और व्यष्टि से समष्टि का सफ़र करती है।

अच्छी ग़ज़ल की एक पहचान यह भी है कि उसके शे'र पढ़ने वाले पर धीरे-धीरे खुलते हैं। कैफ़ीयत और उसकी अभिव्यक्ति में जब इशारा हो तो शे'र एक पाठकीय तैयारी का भी तक़ाज़ा करता है। जिस तरह एक अच्छा पाठक एक अच्छे पाठ की प्रतीक्षा करता है, ठीक वैसे ही एक अच्छा पाठ किसी अच्छे या आदर्श पाठक की प्रतीक्षा करता है। जो काव्य-संस्कारों के साथ-साथ उस काव्य-परम्परा से भी अच्छी तरह परिचित हो जिसके बग़ैर उंस पाठ-काव्य का अस्तित्व में आना सम्भव नहीं होता।

'नज़र' की ग़ज़ल ने इल्म को अहसास बनाने की कामयाब कोशिश की है। अंग्रेज़ी अदब के साथ-साथ उर्दू काव्य-परम्परा को उन्होंने आत्मसात् किया है। वे जल्दी में नहीं हैं। कई बार तो ऐसा लगता है कि वे अपने अनुभव के अहसास बनने के इन्तिज़ार में बैठे हैं। और अहसास को अल्फ़ाज़ देते हुए वे पूरी शाइस्तगी से काम लेते हैं। ऊपर नक़ल हुए आख़िरी शे'र को देखें। मालूम होगा

---

1. रेगिस्तान में भटकने वाले, 2. मृगतृष्णा, 3. पूछना, 4. अन्तराल, 4. संक्षिप्त, 5. यात्रा के लिए सामान, 6. बीता हुआ समय।

कि शाइर अपनी तनहाई या बीते हुए कल की तलाश में हैं। ग़ालिब ने कहा था 'जी ढूँढ़ता है फिर वही फ़ुर्सत कि रात-दिन।' इस तलाश में 'ग़ालिब' अकेले हैं। 'नज़र' के शे'र से मालूम होता है कि अहदे-रफ़्ता (बीता हुआ समय, अतीत) उनके अकेले से इबारत नहीं है। जिस ज़माने को ढूँढ़ने की इच्छा है, वह अकेले से नहीं बना था इसलिए उसे ढूँढ़ने के लिए भी वही शख़्स चाहिए जिसकी साझेदारी में वह गुम हुआ ज़माना बना था। 'ग़ालिब' और आधुनिक शाइरों, जिनमें 'नज़र' शामिल हैं, 'ढूँढ़ना' बीते हुए/ गुम हुए ज़माने को ढूँढ़ना—पाना चाहना समान है। अन्तर यह है कि 'ग़ालिब' अकेले ढूँढ़ रहे हैं, जिससे यह आभास होता है कि उस ज़माने के अकेले किरदार हैं। फिर वे ज़माने को भी कहाँ ढूँढ़ रहे हैं! वे तो फ़ुर्सत को ढूँढ़ रहे हैं ताकि दूसरे किरदार की कल्पना कर सकें। यह ढूँढ़ने की परम्परा के साथ उससे अलग होना भी है।

मैं तो इल्म और उम्र, दोनों ही में 'नज़र' साहिब से छोटा हूँ। इसके बावजूद उन्होंने अपने इस संग्रह पर लिखने का दायित्व मुझे सौंपा, इसके लिए मैं उनका शुक्रगुज़ार हूँ। यह जानते हुए भी कि 'शुक्रिया' मेरे जज़्बात की पूरी तर्जुमानी नहीं करता। यह बात मैं इसलिए लिख रहा हूँ कि उनके दोनों संग्रहों की भूमिका शम्सुर्रहमान फ़ारूक़ी साहिब ने लिखी है जो अपने आप में एक सनद होने के साथ-साथ इस बात का भी सबूत है कि 'नज़र' अपना मेयार ख़ूब से ख़ूबतर और बुलन्द से बुलन्दतर बनाने में कामयाब रहे हैं। मैं अपनी बात फ़ारूक़ी साहिब के इस कथन से सहमत होते हुए समाप्त करता हूँ।

''कम ही मज्मूए (संग्रह) ऐसे होते हैं जिन्हें ख़त्म कर के अफ़सोस होता है कि ये इतने मुख़्तसर (संक्षिप्त, थोड़ा) क्यों हुए? ...आज शायद ही कोई शाइर ऐसा हो जिसने फ़न की तरक़्क़ी और ज़हन की बुलन्दी की इतनी नयी-नयी मंज़िलें तय की हों।''

—शीन काफ़ निज़ाम
कल्लों की गली,
जोधपुर-342001 (राज.)

अनुक्र

लोह-ए-बदन (1960-1980)

लोह-ए-जहाँ (1981-2012)

नज़्में

लोह-ए-बदन
(1960-1980)

हम्द[1]

हर इक शै[2] से अफ़ज़ल[3], नाम तिरा
निकले मुँह से पल-पल, नाम तिरा

लौह-ए-शजर[4] पर पत्ते, ज़ात तिरी
बाम-ए-उफ़क़[5] पर बादल, नाम तिरा

रंग-ए-शफ़क[6] की लाली, दीद तिरी
क़ौस-ए-कुज़ह[7] का आँचल, नाम तिरा

कोह-ओ-दमन[8] से आये, महक तिरी
गूँजे जंगल-जंगल, नाम तिरा

तूने बिखेरे हर सू,[9] रंग कई
फूटा कोंपल-कोंपल, नाम तिरा

बृन्दाबन की गलियाँ, खेल तिरे
'राधा' का मन चंचल, नाम तिरा

हर सुर की अँगड़ाई, ज़ात तिरी
छनके पायल-पायल, नाम तिरा

---

1. ईश्वर-स्तुति, 2. वस्तु, 3. उत्तमतर, 4. पेड़ की पट्टिका / तख़्ती, 5. क्षितिज की अटारी, 6. उषा का रंग, 7. इन्द्रधनुष, 8. पर्वत और टीले, 9. तरफ़।

साँसों की यह डोरी, हाथ तिरे
हर धड़कन हर हलचल, नाम तिरा

आख़िर-आख़िर आवे, याद तिरी
लेवें अव्वल[1]-अव्वल, नाम तिरा

1. सबसे पहले।

अजब दश्त-ए-हवस[1] का सिलसिला है
बदन आवाज़ बनकर गूँजता है

या वो दीवार ऊँची हो गयी है
या मेरा क़द ही शायद घट गया है

गले तक भर गया अन्धा कुआँ भी
मेरी आवाज़ पर कम बोलता है

मैं अपनी जामःपोशी[2] पर पशेमाँ[3]
वो अपनी बेलिबासी[4] पर फ़िदा[5] है

बदन पर चिऊँटियाँ-सी रेंगती हैं
यह कैसा खुरदरा बिस्तर बिछा है

वो आँखें हो गयीं तक़्सीम[6] दो पर
जवाब अब और मुश्किल हो गया है

---

1. वासना का जंगल, 2. वस्त्र धारण किये होना, 3. लज्जित, 4. वस्त्रहीनता, 5. न्योछावर, 6. विभाजित।

वो बहते पानियों पर नक़्श[1] होगा
जो भीगी रेत पर लिक्खा हुआ है

पढ़ा था जो किताब-ए-ज़िन्दगी से
वही लौह-ए-बदन[2] पर लिख दिया है

---

1. अंकित, 2. शरीर की पट्टिका।

क़तरः-क़तरः लुटने का, एक ख़्वाब-सा देखूँ
देर से यह ख़्वाहिश है, अपना ज़ाइकः[1] देखूँ

बनते-मिटते मंज़र[2] को, आज रंग दे जाऊँ
कल का क्या भरोसा है, कल यहाँ मैं क्या देखूँ

अपने अपने चेहरों को, सब तलाश करते हैं
मैं कहीं न खो जाऊँ, चल के आइनः देखूँ

शायद ऐसा करने से, कर्ब-ए-ज़ात[3] कम हो जाये
आँख को खुला रक्खूँ, जिस्म को सुला देखूँ

किस क़दर मुसीबत है, बाहमी[4] ग़ज़ल कहना
वो रदीफ़ सहलाए, और मैं क़ाफ़ियः देखूँ

सुबह के दरीचे[5] से, रात के झरोके से
जो नज़र नहीं आता, उसको जा-ब-जा[6] देखूँ

---

1. स्वाद, 2. दृश्य, 3. स्वयं की व्याकुलता, 4. पारस्परिक, 5. खिड़की, 6. जगह-जगह।

ऊँट सब वापिस फिरे आगे कोई सहरा[1] न था
नक़्श-ए-पा[2] ही नक़्श-ए-पा थे दूर तक रस्ता न था

अपने अन्दर कितने मौसम और बाहर ज़र्दियाँ[3]
मैं फसील-ए-जिस्म[4] में जब था तो यूँ फीका न था

फिर खजूरों के दरख़्तों में धुआँ-सा किसलिए
आग जब तापी न थी और क़ाफ़िलः ठहरा न था

काग़ज़ी पोशाक[5] में वो घर से बाहर जब गया
आसमाँ पर अब्र[6] बनकर मैं अभी छाया न था

हर तरफ़ बिखरी हुई रेग-ए-नदामत[7] थी 'नज़र'
जिस्म का चढ़ता हुआ दरिया मगर उतरा न था

---

1. मरुस्थल, 2. पद-चिह्न, 3. पीलापन, 4. शरीर की चारदीवारी, 5. वस्त्र, 6. बादल, 7. पछतावे की रेत।

मैं हादिसः[1] था मगर क़िस्सए-तवील[2] में था
मिरे वुजूद[3] का कंकर गिरा तो झील में था

वो और भी था बहुत कुछ मगर न था ज़ाहिर[4]
जो क़ैद अपने ही अन्दर किसी फ़सील[5] में था

उबलते ख़ून का रिश्तः था सर्द होने तक
खुली जो आँख तो सब कुछ मिरी सबील[6] में था

वो शख़्स आज मुझे हर्फ़[7]-हर्फ़ तोल गया
और एक मैं था कि आसाइश-ए-दलील[8] में था

---

1. दुर्घटना, 2. लम्बी कहानी, 3. अस्तित्व, 4. प्रकट, स्पष्ट, 5. चारदीवारी, 6. मार्ग, पद्धति, उपाय, 7. अक्षर, 8. तर्क/प्रमाण की सुविधा में।

दिन भर सबसे मिलते रहे मिला के हाथ
शाम को घर लौटे हैं लोग गँवा के हाथ

अब मुझको पुरपेच[1] सफ़र आसान हुआ
बिस्तर बाँध के भेज दिया दरिया के हाथ

जश्न से पहले कपड़े सिलने दे आओ
लोग वहाँ देखेंगे लगा-लगा के हाथ

हम पर अपनी जड़ का था अहसान बहुत
यूँ तो लाख सन्देसे आए हवा के हाथ

वो तो दर पर आया था ख़ैरात[2] लिये
हमने खुद ही खींच लिया फैला के हाथ

---

1. टेढ़ा-मेढ़ा, घुमावदार, 2. दान।

हादिसः[1] ऐसा भी उस कूचे[2] में कर जाऊँ मैं
कोई खिड़की न खुले और गुज़र जाऊँ मैं

सुबह होते ही नया एक जज़ीरा[3] लिख दूँ
आज की रात अगर तह में उतर जाऊँ मैं

मुन्तज़िर[4] कब से हूँ इक दस्त-ए-करामाती[5] का
वो अगर शाख़ हिला दे तो बिखर जाऊँ मैं

जी में आता है कि उस दश्त-ए-सदा[6] से गुज़रूँ
कोई आवाज़ न आये तो किधर जाऊँ मैं

सारे दरवाज़ों पर आईने मुनक़्क़शः[7] देखूँ
हाथ में संग[8] लिये कौन से घर जाऊँ मैं

मुझको हर सम्त[9] से आवाज़ लगाने वाले
हद्द-ए-फ़ासिल[10] भी कोई रख कि उधर जाऊँ मैं

1. दुर्घटना, 2. गली, 3. द्वीप, 4. प्रतीक्षारत, 5. चमत्कारी हाथ, 6. आवाज़ों का जंगल, 7. चित्रित, 8. पत्थर 9. दिशा, 10. अलग करने वाली सीमा।

है इख़्तियार[1] में तेरे न मेरे बस में है
वो एक लम्हः जो औरों की दस्तरस[2] में है

वो मुँह से कुछ नहीं कहता कि पेश-ओ-पस[3] में है
बदन का कर्ब[4] तो ज़ाहिर[5] नफ़स[6] नफ़स में है

अगरचे शोर बहुत कूचः-ए-हवस[7] में है
वो क्या करे कि जो चालीसवें बरस में है

करेगा कौन उसे साज़िश-ए-बदन[8] में शरीक
जो शख़्स[9] क़ैद अभी रूह के कफ़स[10] में है

उठो कि फिर हमें इज़्न-ए-सफ़र[11] मिले-न-मिले
अभी तो लुत्फ़-ए-सदा[12] नालः-ए-जरस[13] में है

उसे पसन्द कि वो टूटकर गिरा, वरना
शजर[14] में क्या नहीं होता जो ख़ार-ओ-ख़स[15] में है

---

1. अधिकार, 2. पहुँच, पैठ, 3. असमंजस, 4. व्याकुलता, 5. स्पष्ट, प्रकट, 6. साँस, 7. वासना की गली, 8. शरीर का षड्यन्त्र, 9 व्यक्ति, 10. क़ैद, 11. यात्रा की अनुमति, 12. आवाज़ का मज़ा, 13. यात्री-दल के साथ रहने वाले घड़ियाल की पुकार, 14. पेड़, 15. काँटे और घास।

दस्त-ए-बदन[1] में पहले हवस[2] की किताब दे
फिर जो भी पूछता है वो, उसका जवाब दे

चारों तरफ़ बिछायेगा पानी की चादरें
ऐसा कहाँ का वो जो फ़रेब-ए-सराब[3] दे

करता है जिसके सामने दस्त-ए-तलब दराज़[4]
पिछली नवाज़िशों[5] का तो उसको हिसाब दे

किससे कहें कि जुर्रत-ए-इज़हार[6] छिन गयी
वो कौन है जो फिर हमें लफ़्ज़ों की ताब[7] दे

मैं भी फलाँग जाऊँगा इक दिन फ़सील-ए-शब[8]
मेरे भी बाज़ुओं में कोई आफ़ताब[9] दे

अब ढूँढ़ जुगनुओं से भरी मुट्ठियाँ 'नज़र'
किसने कहा था जागती आँखों को ख़्वाब दे

---

1. शरीर का हाथ, 2. वासना, 3. मृगतृष्णा का धोखा, 4. इच्छुक हाथ खोलना, 5. अनुकम्पा, कृपा, 6. प्रकटीकरण का साहस, 7. शक्ति, सामर्थ्य, 8. रात की दीवार, 9. सूर्य।

बदन की ओट से तकने लगा है
वो अपना ज़ाइक़:[1] चखने लगा है

मुँडेरों पर परिन्दे चहचहाये
पस-ए-दीवार[2] फल पकने लगा है

बहुत लम्बी मसाफ़त[3] है बदन की
मुसाफ़िर मुब्तदी[4] थकने लगा है

उसे अन्धा सफ़र क्या रास आया
क़दम बेसाख़्त:[5] रखने लगा है

1. स्वाद, 2. दीवार के पीछे, 3. यात्रा, 4. नौसिखिया, 5. तुरन्त, सहसा।

ग़मों का ज़ख़्म भी, रिश्तों का दाइरः[1] भी है
कोई तो शहर में उस जैसा दूसरा भी है

वही दिखाता है बिस्तर पे ख़ून के छींटे
जो शख़्स क़त्ल की लज़्ज़त[2] से आशना[3] भी है

उसी पे रक्खी है उम्मीद-ए-बाज़गश्त[4] कि जो
सकूत-ए-नज्द[5] भी है, साहिब-ए-सदा[6] भी है

बिखर न जायें कहीं अब समेट लो हमको
सुना है शहर में अन्देशः-ए-हवा[7] भी है

कहाँ तक उससे छुपाओगे अपना हाल 'नज़र'
जो आँख रखता है वो शख़्स देखता भी है

---

1. वृत्त, परिधि, 2. स्वाद, मज़ा, 3. परिचित 4. वापसी की आशा, 5. ऊँचे टीलों का मौन (सन्नाटा,), 6. ध्वनि रखने वाला, 7. हवा का सन्देह/भय।

पागल हवा के दोश[1] पे जिन्स-ए-गिराँ[2] न रख
इस शहर-ए-बेलिहाज़ में अपनी दुकाँ न रख

उसका दिया हुआ है जो उसके सपुर्द[3] कर
रखने की इस हवस[4] में तू दोनों जहाँ न रख

उसका ज़वाल[5] देख के वो सल्तनत[6] न छोड़
इस ज़िन्दगी में लम्हः-ए-सूद-ओ-ज़ियाँ[7] न रख

वो फ़स्ल पक चुकी थी अब उसका भी क्या कुसूर
तुझसे कहा था जेब में चिंगारियाँ न रख

आवाज़ की शिकस्त[8] का अहसान भी उठा
बेहतर यही है आज से मुँह में ज़बाँ न रख

आयेगी हर तरफ़ से हवा दस्तकें लिये
ऊँचा मकाँ बना के बहुत खिड़कियाँ न रख

वो शख़्स खुल रहा है गिरिह दर गिरिह[9] 'नज़र'
यह तीर चूक जायेगा ढीली कमां न रख

---

1. कन्धा, 2. क़ीमती वस्तु, 3. सौंपना, 4. लोभ, 5. पतन, 6. राज्य, 7. लाभ और हानि का पल, 8. पराजय, 9. गाँठ के बाद गाँठ (गाँठ-गाँठ)।

इस दर्जाः ज़िन्दगी से तो पहले लड़े न थे
हम लाख मो'तबर[1] सही, ख़ुद से बड़े न थे

बत्ती जला के गिनते हैं बिस्तर की हर शिकन[2]
जिस्मों के मरहले[3] कभी इतने कड़े न थे

फ़र्श-ए-ज़मीं पे लेट के रोई बहुत ख़ज़ा[4]
देखा जब एक पेड़ के पत्ते झड़े न थे

देते रहे किताब से यूँ तो सबक़ बहुत
जब रन पड़ा तो भाई बराबर खड़े न थे

उसने भी ज़िन्दगी को तमाशा समझ लिया
हम भी किसी फ्रेम में पुख़्तः[5] जड़े न थे

गाँओं में अब के सुबह का मंज़र[6] अजीब था
पैरों में झांजरें थीं सरों पर घड़े न थे

---

1. विश्वस्त, 2. सिलवट, 3. गन्तव्य, यात्रा, 4. पतझड़, 5. पक्का, 6. दृश्य।

रात के पिछले पहर रोने का फ़न[1] ले जायेंगे
हम जहाँ भी जायेंगे इक अंजुमन[2] ले जायेंगे

लोग जब निकलेंगे जिस्मों की नुमाइश के लिए
एहतियातन्[3] साथ अपने पैरहन[4] ले जायेंगे

वो सर-ए-बाज़ार इक बन्द-ए-क़बा[5] रह जाएगा
हम गुज़रते वक़्त चुपके से बदन ले जायेंगे

कौन से रस्ते से होकर जायेगी बाद-ए-सबा[6]
हर तरफ़ दाम-ए-हवस[7] अहल-ए-चमन[8] ले जायेंगे

वो गली गर कूचः-ए-क़ातिल[9] ही ठहरी है 'नज़र'
हम भी जब जायेंगे कांधे पर कफ़न ले जायेंगे

---

1. कला, 2. महफ़िल, समिति, 3. सावधानी के तौर पर, 4. वस्त्र 5. कुर्ता/कमीज़ की घुण्डी, 6. पुरवाई, 7. लोभ का जाल, 8. उद्यान वाले, 9. क़ातिल की गली।

इस जिस्म का लिहाज़ भी करना पड़ा मुझे
अन्धे कुएँ में रोज़ उतरना पड़ा मुझे

रखते हो आज क्यूँ मुझे इतना समेटकर
फिर क्या करोगे कल जो बिखरना पड़ा मुझे

साये-सा एक शख़्स[1] है पीछे लगा हुआ
जिससे हर एक गाम[2] पे उरना पड़ा मुझे

वो क्यूँ हुजूम[3] चीर के आगे निकल गया
मैं तो सफ़र में था कि गुज़रना पड़ा मुझे

घर से चला था सर पे कड़ी धूप ओढ़कर
साया कहीं मिला तो ठहरना पड़ा मुझे

दुनिया को मेरा एक-सा चेहरा बुरा लगा
जीने को क्या-क्या रूप न भरना पड़ा मुझे

---

1. व्यक्ति, 2. पग, 3. जन-समूह।

सहरा[1] के बाज़ुओं में समन्दर सिमट गया
हर शख़्स अपनी ज़ात[2] के अन्दर सिमट गया

खोली न थी किताब कि सब हर्फ़[3] मिट गये
उट्ठी न थी निगाह कि मंज़र[4] सिमट गया

ऐसा ही कुछ उसे था सकूत-ए-शजर[5] पसन्द
टहनी हिली तो शोख़ कबूतर सिमट गया

बनने को थी जो शक्ल तो मा'दूम[6] हो गयी
खुलने लगा जो दाइर:[7] महवर[8] सिमट गया

लौह-ए-बदन[9] से लम्स[10] के धब्बे मिटा दिये
कैसा फ़राख़दिल[11] था जो पैकर[12], सिमट गया

---

1. मरुस्थल, 2. स्वयं, 3. अक्षर, 4. दृश्य, 5. वृक्ष का मौन, 6. नष्ट, 7. वृत्त, 8. धुरा, 9. शरीर की पट्टिका/तख़्ती, 10. स्पर्श, 11. खुले दिल वाला, 12. शरीर।

यह ज़िन्दगी तो न थी मुस्तक़िल[1] अज़ाब[2] का नाम
हमीं ने खुश्कलबी[3] रख लिया सहाब[4] का नाम

उतरता जाये समन्दर में सीढ़ियाँ बनकर
उभरता आये जज़ीरों[5] की शक्ल आब[6] का नाम

मिरा वुजूद[7] तिरे हाथ में पतंग की डोर
मिरी हयात[8] सर-ए-सतह इक हबाब[9] का नाम

नज़र में घूमे हमेशा से एक ही सूरत
ज़बाँ पे आये सदा एक ही किताब का नाम

अजीब तरह की अन्धी मसाफ़तें[10] काटीं
कि याद भी न रहा अपने हमरिक़ाब[11] का नाम

निगूँ[12] हुई न थी पहले फ़सील-ए-शब[13] ऐसी
नवाह-ए-जाँ[14] में लिया किसने आफ़ताब[15] का नाम

---

1. स्थायी, 2. यातना, 3. प्यास, 4. बादल, 5. द्वीप, 6. पानी, 7. अस्तित्व, 8. जीवन, 9. बुलबुला, 10. यात्रायें 11. सहयात्री, 12. औंधा, 13. रात की दीवार, 14. जान के आसपास का क्षेत्र, 15. सूर्य।

ज़बाँ पे ज़ाइक़ः[1] अब अपने ही लहू का है
किस एहतराम[2] से लेते थे इनक़लाब का नाम

गये दिनों का है अब क़िस्सः तुहफ़ए-खुशबू
लिखेगा कौन बटन होल पर गुलाब का नाम

चलो 'नज़र' कि दर-ए-मुस्तफ़ा[3] पे जा बैठें
अजब नहीं कि खुले हम पे भी जनाब का नाम

1. स्वाद, 2. आदर, 3. हज़रत मुहम्मद का दर।

घर से घर तक का रास्ता न मिला
कोई भी ख़ुद में झाँकता न मिला

सबके हमराह[1] सबके साये थे
शहर में कोई देवता न मिला

कितने होंटों का लम्स[2] याद रहे
एक भी नक़्श[3] देरपा[4] न मिला

रौशनी के सफ़ीर[5] लौट गये
शहर-दर-शहर रतजगा न मिला

तंग था ज़ात[6] का हिसार[7] बहुत
कोई रस्ता फ़रार[8] का न मिला

कितने आँसू निचोड़कर देखे
खो गया था जो क़हक़हा, न मिला

हम ही थे अपने आसपास 'नज़र'
राह में कोई दूसरा न मिला

---

1. साथ चलने वाले, 2. स्पर्श, 3. उभरा हुआ चिह्न, 4. टिकाऊ, 5. दूत, 6. स्वयं, 7. परिधि, घेरा, क़िला, 8. पलायन, भागना।

इक पल की दौड़-धूप में ऐसा थका बदन
मैं ख़ुद तो जागता हूँ मगर सो गया बदन

बच्चा भी देख ले तो हुमककर लपक पड़े
ऐसी ही एक चीज़ है वो दूधिया बदन

जी चाहता है हाथ लगाकर भी देख लें
उसका बदन क़बा[1] है कि उसकी क़बा बदन

गंगा के पानियों सा पवित्तर कहें जिसे
आँखों के तट पे तैरता है जोगिया बदन

बिस्तर में तेरे मेरे सिवा और कौन है
महसूस हो रहा है कोई तीसरा बदन

धरती ने मौसमों का असर कर लिया क़बूल
रुत फिर गई तो हो गया उसका हरा बदन

इसको कहाँ-कहाँ से रफ़ू कीजिये 'नज़र'
बेहतर यही है ओढ़िये अब दूसरा बदन

---

1. कुर्ता।

क्या अजब चाल चल गयी मछली
हाथ आयी, निकल गयी मछली

आँच आयेगी अब समन्दर पर
बीच पानी के जल गयी मछली

रेत का जिस्म खुरदरा था बहुत
इसलिए रुख़ बदल गयी मछली

साहिलों[1] साहिलों शुमार[2] करो
कितने मोती निगल गयी मछली

क़तरः-क़तरः टपक गया सूरज
लम्हः-लम्हः पिघल गयी मछली

कुलज़म-ए-ज़ीस्त[3] हो गया नीला
ज़हर कैसा उगल गयी मछली

---

1. किनारा, 2. गिनती, 3. जीवन-समुद्र।

बीते बरस की याद का पैकर[1] उतार दे
दीवार से पुराना कैलंडर उतार दे

रख दी है उसने खोल के ख़ुद जिस्म की किताब
सादः वरक़्[2] पे ले कोई मंज़र[3] उतार दे

भीगा हुआ लिबास[4] बदन भी जलायेगा
उससे कहो कि सर से वो गागर उतार दे

दोनों में एक को तो मिलें सुख की साअतें[5]
ला अपना बोझ भी मिरे सर पर उतार दे

फिर क्या करोगे है तो उसी का बुना हुआ
कह दे अगर वो ला यह स्वैटर उतार दे

यूँ झनझना के टूटता तारा बिखर गया
जैसे अरूस-ए-शब[6] कोई ज़ेवर उतार दे

चाहे है जान-ओ-माल की जो ख़ैरियत 'नज़र'
शहर-ए-हवस[7] से दूर ही लश्कर[8] उतार दे

---

1. चेहरा, शरीर, 2. पन्ना, 3. दृश्य, 4. वस्त्र, 5. क्षण, 6. रात की दुल्हन (सुहाग-रात), 7. लोभ-लालच का शहर, 8. सेना।

ऐ चश्म-ए-सतह-ए-आब[1], यह मंज़र[2] भी आयेगा
ठहरी रहेगी झील तो कंकर भी आयेगा

यह मान लो, हवाओं की दस्तक सराब[3] है
खिड़की खुली तो शोर का पत्थर भी आयेगा

मिट्टी का जिस्म ले तो चले हो, यह सोच लो
इस रास्ते में एक समन्दर भी आयेगा

उँगली पकड़ के जिसको घुमाता हूँ शहर-शहर
वो शख़्स[4] मेरे क़द के बराबर भी आयेगा

इन जंगलों में रंग की बरसात ही न ढूँढ़
यह पेड़ जल उठे तो तुम्हें डर भी आयेगा

इस शहर की निगाह में अब अजनबी सही
लेकिन यहीं, कहीं पे मिरा घर भी आयेगा

बैठे रहो मकान की दहलीज़ पर 'नज़र'
बाहर कोई गया है तो अन्दर भी आयेगा

---

1. पानी की तह को देखती आँख, 2. दृश्य, 3. मृगतृष्णा, 4. व्यक्ति।

वो नगर बेचिराग़[1] था बाबा
कौन सुनता तिरी सदा[2] बाबा

आज का आदमी बुरा बाबा
जेब में रख लिया ख़ुदा बाबा

लोग इक-दूसरे से डरते थे
कौन दरवाज़ः खोलता बाबा

जिस्म की क़ैद काटते न कटी
रूह को ज़ंग खा गया बाबा

बहते पानी पे नाम लिखते हो
यह तुम्हें हो गया है क्या बाबा

ख़ुश्क पत्तों से पूछिये जाकर
किस क़दर तेज़ थी हवा बाबा

कब हटेगी यह सुस्त रौ[3] मख़लूक़[4]
कब खुलेगा यह रास्ता बाबा

एक दिन बैठकर बता तो सही
क्यूँ लिया भेस जोगिया बाबा

दे रहा है ख़बर ख़ुदाई[5] की
तुझको अपना भी है पता बाबा

---

1. उजड़ा हुआ, 2. आवाज़, 3. धीमी चाल चलने वाला, 4. जनता, 5. जगत, ईश्वरत्व।

चाँद ने जश्न मनाया होगा
जब खुली छत पे वो सोया होगा

जब कोई अब्र[1] न छाया होगा
शहर को धूप में जलना होगा

कौन होगा वो दिलों का भेदी
किसने यह शहर बसाया होगा

हमने आवाज़ न दी होगी उसे
उसने भी मुड़ के न देखा होगा

वो मुझे भूलने वाला तो न था
जाने क्या सोच के भूला होगा

जल उठा दस्त-ए-हिनाई[2] उसका
शो'लः-ए-अश्क[3] को रोका होगा

उसकी बाबत[4] भी ज़रा सोच 'नज़र'
वो भी तेरी तरह तनहा[5] होगा

---

1. बादल, 2. मेहँदी रचा हाथ, 3. आँसू की चिंगारी, 4. बारे में, 5. अकेला।

चलते-फिरते लोगों से तो यारो अच्छी दीवारें
हम जैसों को साये बख़्शें धूप में तपती दीवारें

सारे शहर पे फैल गया है काले जादू का साया
आओ छत पर चढ़कर देखें, अब हैं कैसी दीवारें

मेरे घर से अगले घर में रोज़ यही कुछ होता है
खिड़की सारी रात जगेगी सो जायेंगी दीवारें

देखो दिल का खेल न खेलो उस बस्ती के लोगों से
जिस बस्ती के चारों जानिब[1] हों इनसानी दीवारें

तेरा-मेरा जनम जनम का साथ तो है, लेकिन प्यारे
रूहों को कब मिलने देंगी यह जिस्मानी दीवारें

कोई किसी की बात न समझे कोई किसी का नाम न ले
मेरे शहर के लोग हैं जैसे चलती-फिरती दीवारें

कल जिस घास पे हम बैठे थे आज वहाँ पर क्या देखा
ईंटें, गारा, चूना, पत्थर, टेढ़ी-मेढ़ी दीवारें

1. तरफ़।

दुनिया भर की तहज़ीबों[1] का यह कैसा अंजाम[2] हुआ
रेत के ऊँचे-ऊँचे टीले, टूटी-फूटी दीवारें

प्रेम कुमार 'नज़र' जी कब तक यूँ ही सोग मनाओगे
कब तक हाथों पर रोकोगे वक़्त की गिरती दीवारें

1. सभ्यताओं, 2. परिणाम, अन्त।

गाँओं जाऊँ तो वो इक आँख न भाता है मुझे
मेरे बचपन की जो तस्वीर दिखाता है मुझे

मुँह से कुछ कहता नहीं देखता जाता है मुझे
जो सर-ए-शाम[1] सर-ए-बाम[2] बुलाता है मुझे

सूने-सूने दर-ओ-दीवार से घबराया हुआ
वो नये घर में हर इक सम्त[3] सजाता है मुझे

छोड़ आया था वो गागर सी छलकती आँखें
बारहा[4] ख़्वाब में पनघट नज़र आता है मुझे

जिस्म आसेबज़दः[5] घर है कि जिसमें अकसर
रूह का भूत सर-ए-शाम डराता है मुझे

मैं भी उसके लिए इक हर्फ़-ए-ग़लत[6] हूँ शायद
खुद ही लिखता है मुझे खुद ही मिटाता है मुझे

कोई उस शख़्स को समझाओ, वो क्या करता है
मैं गया वक़्त हूँ, वो है कि बुलाता है मुझे

---

1. शाम को, 2. छत पर, 3. तरफ़, 4. प्रायः, बार-बार, 5. भूतों से प्रभावित, 6. ग़लत अक्षर।

सूरज चढ़ा तो दिल को अजब वहम-सा हुआ
दुश्मन जो शब[1] को मारा था, फिर उठ खड़ा हुआ

बिखरी हुई है रेत नदामत[2] की ज़िहन[3] में
उतरा है जब से जिस्म का दरिया चढ़ा हुआ

इक शख़्स जिससे मेरा तआरुफ़[4] नहीं, मगर
गुज़रा है बार-बार मुझे देखता हुआ

जब भी मिला तो हाथ में पत्थर उठा लिया
जैसे मैं उसके हक़ में कोई आइनः हुआ

निकला करो न पहन के यूँ मुख़्तसर[5] लिबास[6]
पढ़ लेगा कोई लौह-ए-बदन[7] पर लिखा हुआ

---

1. रात, 2. लज्जा, 3. मस्तिष्क, 4. परिचय, 5. न्यून, 6. वस्त्र, 7. शरीर की पट्टिका।

ग़म की महराबों[1] को तू भी जगमगाकर देख ले
ज़िन्दगी कहते हैं किसको, मुझ तक आकर देख ले

मेरे घर की चारदीवारी ही मेरा घर नहीं
देखने वाले कभी अन्दर भी आकर देख ले

बींध डाला धूप के नेज़े ने शबनम[2] का बदन
फ़र्श-ए-गुल[3] पर ख़ून के धब्बे हैं, जाकर देख ले

बन्द खिड़की से उलझती हैं हवा की उँगलियाँ
ज़िहन[4] की तनहाई[5] से चादर हटाकर देख ले

शहरों-शहरों घूमिये अब धार बंजारों का भेस
जाने किस खिड़की से वो पर्दा हटाकर देख ले

1. द्वार के ऊपर की अर्द्ध मण्डलाकार रचना, 2. ओस, 3. फूल की पत्ती पर, 4. मस्तिष्क, 5. अकेलापन।

जहाँ भी शाम ढले उस नगर में रात करो
यह क्या ज़रूर कि अपने ही घर में रात करो

सहर[1] के होते ही निकलो फ़राग़तें[2] लेकर
फिर ऐसा हो कि तलाश-ए-सहर[3] में रात करो

उदासियों के कई क़ाफ़िले[4] गुज़रते हैं
दरून-ए-शहर[5] किसी रहगुज़र[6] में रात करो

जो चल पड़े हो तो फिर मुड़ के देखना कैसा
सफ़र में दिन तो गया अब सफ़र में रात करो

---

1. सुबह, 2. अवकाश, 3. सुबह की खोज, 4. यात्री दल, 5. शहर का हृदय, 6. रास्ता।

तंग हुआ था जिस पर अपना घर-आँगन भी
उसी की दीवारों में निकले हैं रोज़न[1] भी

शहर-ए-तमन्ना[2] हो गया कैसा जादू हारा
हाथ लगे पत्थर बन जायें फूलबदन भी

आयी हवा और उड़ गये बादल देस पराये
देखो कैसा हरजाई[3] निकला सावन भी

पेश करो दुनिया को यह तस्वीर मुकम्मल[4]
अपने हुस्न में शामिल कर लो मेरा फ़न[5] भी

तिल-तिल कर के प्रीतनगर में जान जलाई
अपने हिस्से का गीला निकला ईंधन भी

बीच महल से आ पहुँचे हो दरवाज़े तक
इक दिन नोच ही डालोगे तुम यह चिलमन[6] भी

कल तक थे दुनिया की दीवारों पर चस्पाँ[7]
आज हमारा नाम न जानें अहल-ए-वतन[8] भी

---

1. रौशनदान, 2. अभिलाषा का शहर, 3. बेवफ़ा, 4. पूर्ण, 5. कला, 6. पर्दा, चिक, 7. चिपका हुआ, 8. देशवासी।

उस तरफ़ क्या है यह कुछ खुलता नहीं
मेरा क़द दीवार से ऊँचा नहीं

देख आये उसको और देखा नहीं
मेरी आँखें अब मिरा हिस्सा नहीं

सोने को आयी समन्दर पर हवा
और मेरा बादबाँ[1] खुलता नहीं

गुम हैं सब अपनी सदा[2] के शोर में
मैं जो कहता हूँ कोई सुनता नहीं

हम भी उसको भूल ही जायें 'नज़र'
वो भी हमको याद अब करता नहीं

1. पोतपट (समुद्री जहाज़ का पर्दा जिसमें हवा भरने से जहाज़ चलता है), 2. आवाज़।

जब भी हम चादर से बाहर पैर फैलाने लगे
कुछ बजुर्गों के पुराने क़ौल[1] याद आने लगे

गर्म होंटों के शरारे[2] याद जब आने लगे
जिस्म की ठण्डक को वो बिस्तर से गरमाने लगे

यह सदा[3] इक बार ही गूँजेगी तेरे शहर में
हम तो जोगी हैं दुबारः कब इधर आने लगे

रौशनी के शहर में घूमे तो अन्धे हो गये
बारहा[4] हम अपने ही साये से टकराने लगे

सायः-ए-दीवार-ए-दुनिया[5] अपनी मंज़िल तो नहीं
थक गये थे, छाँओं देखी और सुस्ताने लगे

दश्त[6] से जब शहर में लौटे तो क्या देखा 'नज़र'
जितने अहल-ए-होश[7] थे सब हमको दीवाने लगे

---

1. कथन, 2. चिंगारियाँ, 3. आवाज़, 4. बार-बार, 5. दुनियारूपी दीवार की छाँव, 6. जंगल, 7. होश रखने वाले।

क़दम-क़दम न मुझे पूछ एक ताज़: सवाल
उदास रात के सीने पे और बोझ न डाल

उसी के ज़िक्र से हम शहर में हुए बदनाम
वो एक शख़्स कि जिससे हमारी बोल न चाल

बिछड़ गया ना वो आख़िर अधूरी बात लिये
मैं उससे कहता रहा रोज़ रोज़ बात न टाल

सितमगरी[1] की नयी रस्म ढूँढ ली उसने
हमारे सामने देता है दूसरों की मिसाल[2]

कभी जो बैठ गये जा के दो घड़ी उस पास
'नज़र' जी धुल गया बरसों का जी से हुज़्न-ओ-मलाल[3]

1. ज़ुल्म ढाने की, 2. उदाहरण, 3. दुख और सन्ताप।

मैं परदेसी मुझको अपना रहन-सहन सिखला दे
नयी तर्ज़ के जूते ले दे और कपड़े सिलवा दे

तेरे पाक-पवित्तर जज़्बे[1], मेरे नेक इरादे
क्या कहिये किस देस बस गये ख़्वाबों के शहज़ादे

शाख़-ए-हवस[2] पर बैठ के अब तो कच्चा फल खा जाऊँ
मौसम-ए-गुल[3] आने पर मुझको शायद कोई उड़ा दे

जिस आँगन में फूल न महकें वो आँगन वीरानः
जिस दीवार में सायः नहीं है वो दीवार गिरा दे

---

1. भावनाएँ, 2. लोभ की टहनी, 3. बसन्त, बहार का समय।

शहरों में जा बसे हैं तिरे हमसफ़र[1] मियाँ
तू भी किसी को बेच दे गाँओं का घर मियाँ

रहते हो किस ख़याल में शाम-ओ-सहर[2] मियाँ
औरों का कुछ पता है न अपनी ख़बर मियाँ

बचकर चलो कि हर्फ़-ए-मलामत[3] है शाख़-शाख़
पत्थर लिखे हुए हैं शजर[4]-दर-शजर मियाँ

पहना नहीं है हमने यूँ ही जोगिया लिबास[5]
कुछ बात है जो फिरते हैं यूँ दर-ब-दर[6] मियाँ

खिड़की पे सब्ज़[7] रंग का पर्दा लटक गया
आती नहीं वहाँ की यहाँ पर ख़बर मियाँ

आये थे पिछले साल तो आलम[8] ही और था
बस्ती में आ गये हैं कहाँ से खण्डर[9] मियाँ

---

1. सहयात्री, 2. शाम और सुबह, 3. निन्दा/भर्त्सना की बातें, 4. पेड़, 5. वस्त्र, 6. घर-घर, 7. हरा, 8. दशा, संसार, 9. खण्डहर।

हक़परस्ती[1] की सदा[2] देते हो बाज़ार के बीच
चुन दिये जाओगे तुम भी किसी दीवार के बीच

चौकड़ी भरते हैं इस तरह से आँखों के हिरन
कोई शै[3] जैसे चुभे अबरू-ए-ख़मदार[4] के बीच

मो'तदिल[5] रक्खे है वो लहजे[6] को कैसा-कैसा
ग़ैर हो जावे है जब जावे है अग़यार[7] के बीच

साथ थे ख़ार-ओ-ख़स-ओ-ख़ाक[8] तो मग़रूर[9] हवा
एक पल भी न रुकी महफ़िल-ए-अशजार[10] के बीच

---

1. सत्य की पूजा, 2. आवाज़, 3. वस्तु, 4. वक्र भृकुटि, 5. सन्तुलित, 6. बात करने का ढंग, 7. पराये लोग, 8. काँटे, घास और मिट्टी, 9. अहंकारी, 10. वृक्षों का समूह/सभा।

दामन-ए-गुल[1] से लिपटना तो सबा[2] से डरना
ख़ुश्क पत्तों के खड़कने की सदा[3] से डरना

शहर-ए-तरसील[4] में लफ़्ज़ों का तआक़ुब[5] कैसा
राह-ए-बू-बास[6] में क्या कोह-ए-निदा[7] से डरना

आँच जब जिस्म की पिघलाने लगे बंद-ए-क़बा[8]
एहतियातन[9] ही सही ठण्डी हवा से डरना

लौह-ए-अहसास[10] पे जब लिख ही लिये ख़ार-ए-हवस[11]
फिर सफ़र में न किसी आबलःपा[12] से डरना

यूँ तो रखना भी 'नज़र' प्यास का अहसास बहुत
और जब झूम के छाये तो घटा से डरना

---

1. फूल का आँचल, 2. पुरवाई, 3. आवाज़, 4. जिस शहर में कुछ भेजा है, 5. पीछा, 6. जिस्म या फूल की खुशबू की राह, 7. आवाज़ देने वाला पर्वत, 8. कुर्ते/कमीज़ की घुण्डी, 9. सावधानी के तौर पर, 10. भावनाओं/संवेदन की पट्टिका, 11. लोभ के काँटे, 12. जिस के पाँव में छाले हों।

राहतें[1] भी जिस्म-ओ-जां की बोझ-सी ढोनी पड़ीं
दिन किये सोकर तो रातें जागकर सोनी पड़ीं

हम अबस[2] ही शहर के आवारः लड़कों में फिरे
साअतें[3] जो नेक थीं बेकार में खोनी पड़ीं

शब[4] को मैले पाँओं से ख़्वाबों के बिस्तर पर चले
सुबह जब सोकर उठे तो चादरें धोनी पड़ीं

हमने अपने जिस्म पर बारिश न रुकने दी 'नज़र'
कितनी फ़स्लें अहद-ए-बेआबी[5] ही में बोनी पड़ीं

1. चैन, आराम, 2. व्यर्थ, 3. क्षण, पल, 4. रात, 5. बिना पानी के समय।

रेत में फूल खिला डाल दे जंगल में धनक[1]
ऐसा एजाज़[2] दिखा कोई भी झपके न पलक

रास्ता खोल मुसाफ़िर पे सहरकारी[3] का
फूल क़दमों में बिछा सर पे बसदनाज़[4] दमक

अब्र[5] बनकर सभी बेआब[6] ज़मीनों पे बरस
धूप बनकर सभी ठिठरे हुए लोगों पे चमक

अपने होने की ख़बर रोज़ उसे देता रह
उसके अहसास में चुभ जिस्म में काँटे-सा खटक

मेरे लोगों को भी तहज़ीब-ए-बदन[7] से मिलवा
तल्ख़ लहजों[8] को बदल, जिस्मों में भर लोच-लचक

1. इन्द्रधनुष, 2. चमत्कार 3. सुबह करना, 4. सैकड़ों हाव-भाव के साथ, 5. बादल, 6. जलरहित, 7. शरीर की शिष्टता, 8. कटुता से बात करने का ढंग।

लोह-ए-जहाँ
(1981-2012)

हम्द[1]

किताब भी है तिरी, हाशिये भी तेरे हैं
हैं मंतिक़ें[2] भी तिरी, फ़लसफ़े[3] भी तेरे हैं

जहान-ए-वज्द[4] भी तू है, जहान-ए-हैरत[5] भी
हैं सूरतें भी तिरी, आइने भी तेरे हैं

तिरे ही हाथ में है मौसमों की गर्दिश भी
समर[6] भी तेरे हैं और ज़ाइक़े[7] भी तेरे हैं

हर इम्तहान से अब तू ही सुर्ख़रू[8] करना
मसल्लसें[9] भी तिरी ज़ाविये[10] भी तेरे हैं

तनाब-ए-ख़ेमः[11] भी तू है सुराग़-ए-दश्त[12] भी तू
हैं मंज़िलें भी तिरी, क़ाफ़िले भी तेरे हैं

सवाल-ए-वस्ल[13] भी तू है, जवाब-ए-हिज्र[14] भी तू
चिनाब भी हैं तिरे और घड़े भी तेरे हैं

---

1. ईश्वर-स्तुति, 2. तर्क-शास्त्र, 3. दर्शन-शास्त्र, 4. भाव-विभोर दुनिया, 5. विचित्र दुनिया, 6. फल, 7. स्वाद, 8. सफल, 9. त्रिकोण, 10. कोण, 11. तम्बू की रस्सी, 12. जंगल की खोज, 13. मिलन, 14. जुदाई।

है फ़र्द-ए-जुर्म[1] भी तू, मुद्दई[2] भी मुन्सिफ़[3] भी
अदालतें भी तिरी फ़ैसले भी तेरे हैं

मैं तेरी मद्‌ह[4] में हूँ 'हम्द' लिखने वाला कौन
रदीफ़ भी है तिरी, क़ाफ़िये भी तेरे हैं

---

1. अभियोग-पत्र 2. दावा करने वाला 3. न्यायाधीश 4. स्तुति।

जब तलक यह दास्तान-ए-रंग-ओ-बू बाक़ी रहे
एक मैं बाक़ी रहूँ और एक तू बाक़ी रहे

लफ़्ज़ छिन जायें मगर तहरीर[1] हो रौशन-जमाल[2]
होंट हों ख़ामोश लेकिन गुफ़्तगू बाक़ी रहे

नारसाई[3] के दरीचे[4] यूँ ही वा[5] होते रहें
कूचः-ए-अग़ियार[6] में यह हाय-हू[7] बाक़ी रहे

साहिबो! कुछ तो हमारी भी सुनो इस ज़िम्न[8] में
सब ही कहते जा रहे हैं, आबरू बाक़ी रहे

ऐ दरीदःदामनी[9] इतना तो होना चाहिए
चाक[10] सिल जायें मगर कार-ए-रफ़ू[11] बाक़ी रहे

ज़िन्दगी करने का कोई इस्तआरः[12] चाहिए
आरज़ू मिट जाये शरह-ए-आरज़ू[13] बाक़ी रहे

1.लेख, 2. उज्ज्वल और सुन्दर, 3. पहुँच न पाना, 4. खिड़कियाँ, 5. खुलना, 6. बेगानों की गलियाँ 7. शोर-विलाप, 8. प्रसंग, 9. आँचल का विदीर्ण होना, 10. फटा हुआ, 11. सिलाई का काम, 12. रूपक, 13. आरज़ू की व्याख्या।

मैं नज़र से एक अन्दाज़[1]-ए-नज़र होता हुआ
कौन है दिन-रात मुझमें बेख़बर होता हुआ

खुलता जाता है समन्दर बादबाँ[2]-दर-बादबाँ
मैं सफ़र करता हुआ, मुझसे सफ़र होता हुआ

एक वुसअत[3] आसमाँ-दर-आसमाँ बढ़ती हुई
इक परिन्दः बाल-ओ-पर[4] में तरबतर[5] होता हुआ

एक पहनाई[6] मकां से लामकां[7] होती हुई
एक लम्हा मुख़्तसर[8]-से-मुख़्तसर होता हुआ

एक अँगड़ाई से सारे शहर को नींद आ गई
यह तमाशा मैंने देखा बाम[9] पर होता हुआ

खेंच ली किसने तनाब-ए-ख़ेमः-ए-सिद्क़-ओ-सफ़ा[10]
कौन है दश्त-ए-अमल[11] में बेहुनर[12] होता हुआ

---

1. शैली, 2. पोतपट, 3. विस्तार, 4. पर और बाज़ू, 5. अत्यधिक आर्द्र, 6. विस्तार, 7. वह स्थान जिसकी सीमा न हो, 8. संक्षिप्त, 9. छत, 10. सच्चाई और विशुद्धता के तम्बू की रस्सी, 11. कार्य-वन, 12. अकुशल, गुणहीन।

हरचन्द[1] कि था हिज्र[2] में अन्देशः-ए-जाँ[3] भी
आख़िर को तो हमसे ही उठा बार-ए-गिराँ[4] भी

इक गोशः-ए-दर[5] रक्खा है महफ़ूज़[6] हमारा
इस वुसअत-ए-कौनैन[7] में हम जायें जहाँ भी

मा'दूम[8] भी हूँ अहल-ए-तमाशा[9] की नज़र में
बिखरा है हर इक सम्त[10] मगर मेरा निशाँ भी

कुछ कम न हुआ रिज़्क़[11]-ए-ख़ुदा तेरे गदा[12] पर
हरचन्द कि गलियों में उठा शोर-ए-सगाँ[13] भी

काम आती है अकसर तो यही ख़ानःबदोशी
रखने को तो हम शहर में रखते हैं मकाँ भी

उस वक़्त अजब है होता तरसील[14] का आलम
लफ़्ज़ों को तरस जाते हैं जब अहल-ए-ज़बाँ[15] भी

---

1. यद्यपि, 2. वियोग, 3. जान का ख़तरा, 4. भारी बोझ, 5. द्वार का एक कोना, 6. सुरक्षित, 7.लोक-परलोक का विस्तार, 8. नष्ट, ग़ायब, 9. तमाशा देखने वाले, 10. तरफ़, 11. अनाज, 12. भिक्षकु, 13. कुत्तों का शोर, 14. सन्देश भेजना, 15. भाषाविद्।

दीवाने का वैसे तो मुकद्दर नहीं ख़ाली
वहशत[1] को मगर दश्त[2] का मंज़र[3] नहीं ख़ाली

उम्मीद-ए-शिफ़ायाबी[4] वहाँ लाई है हमको
जिस दार-ए-शिफ़ा[5] में कोई बिस्तर नहीं ख़ाली

बेहतर है मुरादों की यह गठड़ी ही न खोलें
मसरूफ़-ए-मुनाजात[6] क़लन्दर[7] नहीं ख़ाली

कुछ देर ज़रा सब्र करें अहल-ए-ख़िताबत[8]
है वा'ज़[9] अधूरा अभी मिम्बर[10] नहीं ख़ाली

ऐ ताज़ा ज़मीं तूने बड़ी देर लगा दी
अब और कहीं घूम कि मेहवर[11] नहीं ख़ाली

अलफ़ाज़[12] की इस फ़ौज का डालें कहाँ डेरा
सुनते हैं अभी मा'नी[13] का दफ़्तर[14] नहीं ख़ाली

---

1. पागलपन, 2. जंगल, 3. दृश्य, 4. रोगमुक्ति की आशा, 5. स्वास्थ्य-सदन, 6. ईश्वर-प्रार्थना में लीन, 7. मस्त फ़कीर, 8. धर्मोपदेश पढ़ने वाले, 9. धर्मोपदेश, 10. वो स्थान जहाँ से उपदेश दिया जाता है (मंच), 11. धुरा, 12. शब्दों, 13. अर्थ, 14. कार्यालय।

साये से लिपट जाते हैं हर सम्त[1] से आ कर
इस आलम-ए-हूँ[2] में भी कोई घर नहीं ख़ाली

यकरंगी-ए-मौसम[3] ने हमें मार ही डाला
सैर-तलब आँख को मंज़र नहीं ख़ाली

किस शौक़ से लिख रक्खे हैं हसरत भरे नामे[4]
तरसील[5] के, अफ़सोस, कबूतर नहीं ख़ाली

अब मरहलः[6] इबलाग़[7] का तय हो भी तो क्यूँकर
'पोरस' को तो फ़ुर्सत है 'सिकन्दर' नहीं ख़ाली

1. तरफ़, दिशा, 2. सुनसान दुनिया, 3. मौसम का एक जैसा रंग रहना, 4. पत्र, 5. भेजना, प्रेषण 6. गन्तव्य, 7. पहुँचाना, भेजना।

क्या झोल कोई आया है किरदार[1] में साहिब
छपते हो बहुत इन दिनों अख़बार में साहिब

शायद इसे कहवेंगे मिरा कश्फ़-ए-बसारत[2]
चेहरा-सा निकल आया है दीवार में साहिब

तस्लीम[3] कि क़ाबू में नहीं लोच बदन का
इक मो'तदिली[4] होती है रफ़्तार में साहिब

आ लगता है हर तीर मिरे नाफ़ः-ए-जाँ[5] पर
है कोई तो अपना सफ़-ए-अग़िआर[6] में साहिब

खुश आती नहीं आलम-ए-वहशत[7] की रसाई[8]
सर हम भी बहुत मारे हैं दीवार में साहिब

गुलरंग[9] न हो जाते लहू में न नहाते
जौहर[10] ही नहीं था किसी तलवार में साहिब

---

1. आचरण, व्यवहार, 2. दृष्टि का प्रकट होना, 3. स्वीकार करना, 4. सन्तुलन, 5. जान की मृगनाभि, 6. ग़ैरों की कतार में 7. पागलपन की दशा, 8. पहुँच, प्रवेश, 9. गुलाबी रंग के, 10. दक्षता।

आँखों को लगा रक्खा है इक तख़्तः-ए-गुल[1] पर
अटकी है मगर जान किसी ख़ार[2] में साहिब

रखता है बहर तौर वो इक वस्फ़-ए-क़नाअत[3]
सौ ऐब सही आपके बीमार में साहिब

---

1. फूलों की क्यारी, 3. काँटा, 3. सन्तुष्टि का गुण।

पता मेरा बराबर ढूँढ़ते हैं
मुझे लेकिन वो कमतर[1] ढूँढ़ते हैं

जो नज़रों से कभी ओझल नहीं था
उसे ही लोग अकसर ढूँढ़ते हैं

वो जिनका ज़र्फ़[2] होता है मिसाली[3]
फ़ज़ायें भी मुअत्तर[4] ढूँढ़ते हैं

कहाँ का कुर्ब[5] है और कैसी दूरी
उसी को उसके अन्दर ढूँढ़ते हैं

हमारे सामने बैठा हुआ था
जिसे अरसे से दर-दर ढूँढ़ते हैं

कहाँ गुम हो गया है अहद-ए-रफ़्तः[6]
कभी आओ तो मिलकर ढूँढ़ते हैं

अभी मौसम है याँ तश्नःलबी[7] का
कहीं पानी का मंज़र ढूँढ़ते हैं

1. बहुत कम, 2. योग्यता, 3. उदाहरणीय, 4. सुगन्धित, 5. सामीप्य, 6. गुज़रा हुआ, ज़माना 7. प्यास।

मुझको वो मिला है जो वसीयत में नहीं था
सब झूठ कि इंसाफ़ अदालत में नहीं था

जिस शहर-ए-तिलिस्मात[1] में आइने बहुत थे
सदहैफ़[2] वहाँ भी कोई हैरत[3] में नहीं था

ऐ तश्नःलबी[4] ख़ेमः-ए-अहबाब[5] से आगे
पानी जो मयस्सर[6] था वो कसरत[7] में नहीं था

हरचन्द[8] कि इस कूचे की थी ख़ाक भी सुरमा
हाँ नूर ही कुछ अपनी बसारत[9] में नहीं था

हम ख़ाकनशीनों[10] को फ़क़ीरी ही अमीरी
सज-धज का यह हुन[11] कासः-ए-शुहरत[12] में नहीं था

क्या रख़्त-ए-सफ़र[13] बाँध के ख़्वाबों के सहारे
उस शहर को जाते जो हक़ीक़त[14] में नहीं था

---

1. मायाजाल में रचित शहर, 2. बहुत अफ़सोस, 3. अचम्भा, 4. प्यास 5. दोस्तों का तम्बू, 6. प्राप्त 7. प्राचुर्य, बहुतायत, 8. यद्यपि, 9. दृष्टि, 10. विनम्र, दीन, 11. दौलत, 12. प्रसिद्धी का प्याला, 13. सफ़र का सामान, 14. वास्तविकता।

उम्र भर शौक़ का दफ़्तर[1] लिक्खा
लफ़्ज़ इक भी न मुअस्सर[2] लिक्खा

हमने अशरफ़[3] को भी अहक़र[4] लिक्खा
आदमी था जिसे बन्दर लिक्खा

उम्र वैसे तो सफ़र में गुज़री
लिखने बैठे तो इसे घर लिक्खा

मौसम-ए-गुल की बशारत[5] मा'लूम
पढ़ लिया माथे पे पत्थर लिक्खा

ख़ाक से ख़ाक हुई है पैदा
लाख सहरा को समन्दर लिक्खा

हम वो बीमार हैं, अच्छे न हुए
तुम अबस[6] नुस्खा[7] मुक़र्रर[8] लिक्खा

दास्ताँ[9] फिर भी मुकम्मल[10] न हुई
सब-का-सब हमने तो अज़बर[11] लिक्खा

---

1. ग्रन्थ खण्ड, 2. असर रखने वाला, 3. प्रतिष्ठित, 4. तुच्छ, 5. ख़ुशख़बरी, 6. व्यर्थ, 7. दवाइयों की सूची, 8. पुनः, 9. कहानी, 10. पूर्ण, 11. ज़बानी याद की हुई चीज़, मुखाग्र।

सफ़र के बाद भी अज़्म-ए-सफ़र[1] है
मिरा शायद कहीं इक और घर है

परिन्दः[2] ही रहीन-ए-बाल-ओ-पर[3] है
वगरना[4] फ़ासिला परवाज़[5] भर है

यह कैसा तअन[6] इन आँखों पे टूटा
नज़र नीची नज़ारा बाम[7] पर है

वही आलम है इक बेमंज़री का
वही ठहरी हुई अपनी नज़र है

सभी ख़ुद अपना-अपना हाल कह लें
यहाँ पुरसिश[8] का वक़्फ़ः[9] मुख़्तसर[10] है

---

1. सफ़र का इरादा, 2. पक्षी 3. पर और बाज़ू बन्धक (गिरवी) रखे हुए हैं, 4. वरना, 5. उड़ान, 6. व्यंग, 7. छत, 8. पूछ-ताछ, 9. विराम का समय, 10. संक्षिप्त।

तबीबो[1]! चारःगरो[2]! तुमसे जो हुआ सो हुआ
हमारे दम पे भरोसा रखो, हुआ सो हुआ

वो अपने हाल में ख़ुश है हम अपने हाल पे ख़ुश
अब उसका ज़िक्र न यारो करो, हुआ सो हुआ

बहुत हुआ तो वही होगा जिसका डर है हमें
जो हो रहा है वो होने दो जो हुआ सो हुआ

अबस[3] है कसरत-ए-कार-ए-जुनूँ[4] भी ऐसे में
अज़ीज़ो[5]! चाक गरीबाँ[6] सियो, हुआ सो हुआ

कोई भी सूरत-ए-अहवाल[7] को न जानेगा
जो दिल की बात है दिल में रखो, हुआ सो हुआ

सबा[8] के बस में नहीं अब पयाम-ए-सुबृहे-विसाल[9]
दियार-ए-हिज्र[10] के ज़िन्दानियो[11], हुआ सो हुआ

कहें हैं रेख़्तः[12] पंजाब में 'नज़र' साहिब
बक़द्र-ए-ज़ौक़[13] तुम उनकी सुनो, हुआ सो हुआ

---

1. वैद्य, 2. चिकित्सक, 3. व्यर्थ, 4. उन्माद के कार्य की अधिकता, 5. प्यारो, 6. फटे वस्त्र, (कुर्ते-कमीज़ का गला), 7. घटनाओं/हालात का रूप, 8. पुरवाई, शीतल हवा, 9. मिलन की सुबह का सन्देश, 10. वियोग के घरों, 11. क़ैदियों, 12. उर्दू भाषा का प्रारम्भिक नाम, 13. इच्छा-अभिलाषा के अनुसार।

दहन[1] को ज़ख़्म, ज़बाँ को लहू-लहू करना
अज़ीज़ो! सहल[2] नहीं उसकी गुफ़्तगू[3] करना

खुले दरीचों[4] को तकना तो हाय-हू करना
यही तमाशा सरे-शाम कू-ब-कू[5] करना

जहाँ में आम हैं नुक्तःशनासियाँ[6] उसकी
तुम एक लफ़्ज़ में तशरीह-ए-आरज़ू[7] करना

दिल-ए-ख़राब की ईज़ापरस्तियाँ[8] मा'लूम
जो दस्तरस[9] में न हो उसकी आरज़ू करना

जो हर्फ़ लिखना उसे लौह-ए-आब[10] पर लिखना
जो नक़्श[11] करना सर-ए-सतह-ए-आबजू[12] करना

मैं उसकी ज़ात से इनकार करने वाला कौन
न हो यक़ीं तो मुझे उसके रूबरू[13] करना

---

1. मुँह, 2. आसान, 3. बातचीत, 4. खिड़की, 5. हर गली में, 6. ग़लती ढूँढ़ने की आदत, 7. आरज़ू की व्याख्या, 8. यातना-प्रेम, 9. पहुँच, पैठ, 10. पानी की तख़्ती (पटल), 11. अंकित करना, 12. नदी की सतह पर, 13. आमने-सामने।

हिसाब-ए-हिज्र-ओ-विसाल[1] रखना
अज़ीज़ो! अपना ख़याल रखना

वो याद आये तो याद करना
वगरनः[2] मुश्किल को टाल रखना

ज़बाँ से हर्फ़-ए-दुआ[3] निकलना
नज़र में रंग-ए-मलाल[4] रखना

अँधेरी रातों में चलने वालो
नज़र में क़ौस-ए-हिलाल[5] रखना

बदलने वाला है दिल का मौसम
मताए-हिज्राँ[6] सँभाल रखना

---

1. मिलन और वियोग का हिसाब, 2. वरना, 3. प्रार्थना का शब्द, 4. वैमनस्य का रंग, 5. नये चाँद का धनुष, 6. वियोग की पूँजी।

वक़्त क़रीब है फिर मंज़र के बदलने का
सूरज की ज़िद देखो यह नहीं ढलने का

मैं भी तलाश-ए-आब-ए-हवस[1] में निकला हूँ
शोर सुना था इक चश्मे के उबलने का

अहल-ए-जुनूँ[2]! क्यूँ दश्त[3] में आना छोड़ दिया
भूल गये फ़न[4] नोक-ए-ख़ार[5] पे चलने का

सुबूह तलक इस शहर में जाने क्या हो जाये
रस्तः ढूँढ़ो रातोंरात निकलने का

याद-ए-यार का आ जाना भी ठीक सही
राज़ मगर गहरा है दिल के मचलने का

---

1. लालसा/लोभ के पानी की तलाश, 2. उन्मादी व्यक्ति, 3. जंगल, 4. कला, 5. काँटे की नोक।

आने वाला इनकलाब आया नहीं
क्या कोई अहल-ए-किताब[1] आया नहीं

इस्म-ए-आज़म[2] भी पढ़ा है बार-बार
ग़ार[3] से लेकिन जवाब आया नहीं

हो रहा है कुछ-न-कुछ ज़ेर-ए-ज़मीं[4]
कोंपलें फूटीं गुलाब आया नहीं

रात भर फिर हिज्र[5] का मौसम रहा
जिसको आना था वो ख़्वाब आया नहीं

ख़ुश्क लब[6] लौटे हैं क्यूँ सहरानवर्द[7]
रास्ते में क्या सराब[8] आया नहीं

मुझको इक चश्मक[9] थी सैल-ए-अश्क[10] से
इसलिये मैं ज़ेर-ए-आब[11] आया नहीं

---

1. किताब वाले, उन पैग़म्बरों के अनुयायी जिन पर आसमानी किताब उतरी, 2. महामन्त्र, 3. गुफ़ा, 4. ज़मीं के नीचे, 5. वियोग, 6. प्यासे होंठों के साथ, 7. जंगलों/मरुस्थलों की छानबीन करने वाले, 8. मृगतृष्णा 9. लाग-डाँट, 10. आँसुओं की बाढ़, 11. पानी के नीचे, जलमग्न।

यह क्या गली है जहाँ डरते-डरते जाते हैं
गुज़रते भी नहीं लेकिन गुज़रते जाते हैं

बस अब तो अगला सफ़र ख़ुशकियों का आता है
हमारी राह के दरिया उतरते जाते हैं

जहाँ में कुछ नहीं होता किसी के करने से
यह लोग फिर भी कोई काम करते जाते हैं

यह कैसा हमको इशारा है पार उतरने का
वो देखो लहरों में कुछ हाथ उभरते जाते हैं

तमाम शहर तो आशोब-ए-चश्म[1] का है शिकार
न जाने किसके लिये हम सँवरते जाते हैं

अजब निज़ाम[2] फ़ना-ओ-बक़ा[3] का है कि जहाँ
वो जी उठेंगे दुबारा जो मरते जाते हैं

भरी हैं धुन्द से सारे नगर की दहलीज़ें
नज़र में जुगनू-ही-जुगनू उतरते जाते हैं

---

1. आँख दुखने का रोग, 2. व्यवस्था, 3. नश्वरता-अनश्वरता।

जहाँ की ख़ाक जब तक छानियेगा
सफ़र को इस्तिआरः[1] मानियेगा

लगा ले जब कोई चेहरे पे चेहरा
उसे आवाज़ से पहचानियेगा

सभी किरदार[2] फीके पड़ गये हैं
कहानी को कहाँ तक सानियेगा[3]

तनाबें[4] हाथ से जाने न पायें
ख़ला[5] में जब भी तम्बू तानियेगा

---

1. रूपक, 2. चरित्र, 3. गूँधना, 4. रस्सियाँ, 5. अन्तरिक्ष, शून्य।

खुश्क हो जाये न झरने वाला
जब कि तालाब है भरने वाला

जिस्म पर नाम न लिखना अपना
यह है मिट्टी में उतरने वाला

मारकर देख लिया है उसको
हमसे मरता नहीं मरने वाला

अब तो आहट भी नहीं होती है
यूँ गुज़रता है गुज़रने वाला

इसलिए झील में हलचल है बहुत
इक जज़ीरा[1] है उभरने वाला

हो रहा है पस-ए-दीवार[2] भी कुछ
जाने क्या करता है करने वाला

आप-ही-आप चलाता है हवा
आप-ही-आप बिखरने वाला

---
1. द्वीप, 2. दीवार के पीछे।

कश्तियाँ पार लगें या न लगें
अब यह दरिया है उतरने वाला

कौन जाएगा सर-ए-कोह-ए-निदा[1]
शहर-का-शहर है डरने वाला

---

1. आवाज़ों के पर्वत पर।

जहाँ में पहले महब्बत का कारोबार किया
जुनूँ[1] तो हमने बहुत बाद इख़्तियार[2] किया

सफ़र तमाम हुआ, बार-ए-आब[3] भी न उठा
जहाँ से ख़ुश्क था दरिया वहाँ से पार किया

सराब-ए-चश्म[4] है जिसको सितारा कहते हो
यह राज़ गर्दिश-ए-दौराँ[5] ने आशकार[6] किया

जो अपने आप में दुनिया बसाये बैठा है
कहीं उसे भी ज़मान-ओ-मकाँ[7] शुमार[8] किया

वो एक लफ़्ज़ कि जिससे हिकायतें[9] निकलीं
सभी ने तर्क[10] किया, हमने इख़्तियार किया

हिसाब करने लगे जब तमाम तो यह खुला
हमारे नाम पे उसने भी कुछ उधार किया

1. उन्माद, 2. पसन्द करना, अपनाना, 3. पानी का अहसान, 4. आँख का धोखा, 5. समय का उलट-फेर, काल चक्र, 6. प्रकट, 7. समय-स्थान सहित, 8. गिनती करना, 9. कथाएँ, 10. त्याग।

शे'र-ओ-सुख़न इक कार-ए-ज़ियाँ[1] है शुहरत[2]-वुहरत क्या
लफ़्ज़ों के कच्चे धागों से उल्फ़त-वुल्फ़त क्या

अब तो इश्क़ के ऐसे मिम्बर[3] पर बैठे हो जहाँ
वस्ल-विसाल[4] का टंटा कैसा फ़ुर्क़त[5]-वुर्कत क्या

इस मंज़र[6] से उस मंज़र तक सब मौसम की कशिश[7]
आने-जाने वाले कैसे हिजरत[8]-विजरत क्या

मंज़र पसमंज़र[9] का तमाशा अब तो देख चुके
दूर ख़ला[10] में घूरने वालो हिक्मत[11]-विक्मत क्या

उसको भी कोताहक़दी[12] का कुछ अहसास हुआ
हर इक से कहता फिरता है क़ामत[13]-वामत क्या

आग बदन की अब तो पैराहन[14] तक फैल गई
सोज़-ए-दरूँ[15] फिर सोज़-ए-दरूँ है चाहत-वाहत क्या

---

1. घाटे का काम, 2. प्रसिद्धि, (इस ग़ज़ल में कवि ने काफ़िये को चाय-वाय, काम-वाम की तरह प्रयुक्त किया है), 3. धर्म मंच, 4. मिलन, 5. वियोग, जुदाई, 6. दृश्य, 7. आकर्षण, 8. प्रवास, 9. दृश्य और उसके पीछे का दृश्य, 10. अन्तरिक्ष, 11. बुद्धि, विज्ञान, 12. बौनापन, 13. लम्बा शरीर, 14. वस्त्र, 15. आन्तरिक पीड़ी।

सैर-ए-दुनिया को निकलते जो तो घर से कैसे
खुदनशीं[1] हो गये अहबाब[2] के डर से कैसे

ज़िहन[3] बेदार[4] हुआ ज़ौक़-ए-जहालत[5] के सबब[6]
अक़्ल बेज़ार[7] हुई इल्म-ओ हुनर[8] से कैसे

जेब-ओ-दामन[9] को सिया अहल-ए-जूनूँ[10] ने क्यूँकर
होश में आने लगे एक ख़बर से कैसे

खुद से मिलने के लिए खुद को फ़रामोश[11] किया
सुर्ख़रू[12] हो गये अहबाब सफ़र से कैसे

---

1. अपने आपमें जाकर बैठ जाना, 2. मित्रगण, 3. मस्तिष्क, 4. जाग्रत, 5. अज्ञानता में रुचि, 6. कारण, 7. अप्रसन्न, 8. विद्या और कला, 9. जेब और आँचल, 10. उन्मादी लोग, 11. भूलना, 12. सफल।

मिरे वुजूद[1] को क्या हुस्न-ए-इंतिख़ाब[2] दिया
बदन को सेर[3] किया रूह को अज़ाब[4] दिया

मिली तो मुझको बहुत मेरे इस. अमल[5] की सज़ा
हर इक सवाल का मैंने मगर जवाब दिया

निगूँ[6]-निगूँ-सी लगी है फ़सील-ए-शब[7] कैसी
हमारी बाँहों में जिस दिन से आफ़ताब[8] दिया

हमारे खुफ्तः[9] बदन को अजीब ख़्वाहिश दी
हमारी जागती आँखों को कैसा ख़्वाब दिया

ग़रीक़-ए-मौज-ए-हवस[10] सैल-ए-आरज़ू[11] का शिकार
हमें तो जो भी दिया उसने, ज़ेर-ए-आब[12] दिया

---

1. अस्तित्व, 2. चुनाव का सौन्दर्य, 3. तृप्त, 4. पीड़ा, 5. कार्य, 6. अधोमुख, 7. रात की दीवार, 8. सूर्य, 9. सुप्त, 10. लोभ की लहरों में निमग्न, 11. इच्छाओं की बाढ़, 12. पानी के नीचे (डूबकर)।

खा जायेगा यह जान को आज़ार[1], देखना
पहरों किसी को सूरत-ए-दीवार[2] देखना

आहट-सी एक पाना दर-ए-जाँ[3] के आसपास
साया-सा इक फ़सील[4] के उस पार देखना

मेरे लिबास[5] में कभी फिरकर गली-गली
मेरी नज़र से शहर का किरदार[6] देखना

1. रोग, 2. दीवार के समान, 3. जान का द्वार, 4. प्राचीर, 5. वस्त्र, 6. चरित्र, आचरण।

पैर थक जायें रास्ता ठहरे
दिन ढले और क़ाफ़िला ठहरे

क्यूँ न इस शहर से निकल जायें
अब यहाँ कोई दूसरा ठहरे

एक साया हमें डराता था
आज रस्ते में बारहा[1] ठहरे

जो बदन हो, वो जल के राख बने
जो रफ़ू हो सके, क़बा[2] ठहरे

राह में उसको रोकते रहियो
क्या ख़बर कब वो आशना[3] ठहरे

सैर-ए-दुनिया भी देख ली साहिब
लेक[4] क्या आये और क्या ठहरे

वो कहे तो बलाग़तें[5] पैदा
मैं कहूँ तो मुबाल्ग़ा[6] ठहरे

---

1. प्रायः, बार-बार, 2. चोग़ा, लम्बा कुर्ता, 3. परिचित, 4. लेकिन, 5. अलंकृत शैली, (साहित्य की) 6. अत्युक्ति।

ज़ात[1] में कर्ब[2] हो और कर्ब का इज़्हार[3] न हो
सोचता हूँ कहीं मेरा यही किरदार न हो

मेरे आँगन में खिली धूप का असरार[4] है क्या
उठ के देखूँ तो सही, वो पस-ए-दीवार[5] न हो

जी में आता है कि अब ऐसे सफ़र पर निकलें
ऊँट हमराह[6] न हो, जेब में दीनार न हो

कश्तियाँ किसलिए साहिल[7] से बँधी रहती हैं
हो-न-हो नीले समन्दर में कोई ग़ार[8] न हो

---

1. व्यक्तित्व, 2. दुःख, पीड़ा, 3. प्रकटीकरण, 4. भेद-रहस्य, 5. दीवार के पीछे, 6. सहयात्री, 7. किनारा, 8. गुफ़ा, कन्दरा।

लिक्खा है जो तुमने वही अहवाल[1] बहुत है
लफ़्ज़ों की कमी वैसे भी इम्साल[2] बहुत है

अब उसको सज़ा दे के गुनहगार न बनिये
मुजरिम के लिए जुर्म का इक़बाल बहुत है

हरचन्द[3] कि है ख़ित्तः-ए-दिल[4] फ़स्ल से आरी[5]
नक़्शे में तो यह मुल्क भी ख़ुशहाल बहुत है

---

1. हाल-चाल, 2. इस साल, 3. यद्यपि, 4. दिल की भूमि, 5. वंचित।

कुछ-न-कुछ अहद-ए-महब्बत[1] का निशाँ रह जाये
आग बुझती है तो बुझ जाये, धुआँ रह जाये

दश्त-दर-दश्त[2] उड़े मेरा ग़ुबार-ए-हस्ती[3]
आब-बर-आब[4] मिरा नाम-ओ-निशाँ रह जाये

मुन्तज़िर[5] कौन है किसका यह उसे क्या मालूम
उसकी मंज़िल है वही जो भी जहाँ रह जाये

यूँ तो कहने को बहुत कुछ था ग़ज़ल में लेकिन
लुत्फ़ की बात वही है जो निहाँ[6] रह जाये

---

1. महब्बत का ज़माना (समय), 2. जंगलों-जंगलों, 3. जीवन-धूल, 4. सभी पानियों में, 5. प्रतीक्षारत, 6. छिपी हुई।

शजर[1] दर शजर दर शजर बैठना
इधर से उड़ाना, उधर बैठना

उसी पर खुले आसमानों के राज़
जिसे आ गया शाख़ पर बैठना

बहुत शोर सारे मुहल्ले में था
अजब-सा लगा आज घर बैठना

करो मुस्तक़िल[2] अब ठिकाना कोई
बहुत हो चुका दर-ब-दर बैठना

---

1. पेड़, 2. स्थायी।

सर पे मैंने वो जब शजर[1] रक्खा
उसने सूरज ज़मीन पर रक्खा

मुझमें पैवस्त[2] था लिबास[3] उसका
फ़ासिला फिर भी जिस्म भर रक्खा

खुद तो मंज़िल पे रुक गया, लेकिन
मुझको आमादः-ए-सफ़र[4] रक्खा

किन फ़ज़ाओं[5] में सैर को निकले
किन दरख़्तों पे अपना घर रक्खा

एक ख़्वाहिश थी बन्द कमरे में
एक चेहरा था बाम[6] पर रक्खा

---

1. पेड़, 2. जुड़ा हुआ, 3. वस्त्र, 4. यात्रा के लिए प्रेरित, 5. वातावरण, बहार, 6. छत।

दुनिया को परखने का हुनर क्यूँ नहीं देते
आँखें तो लगा दी हैं, नज़र क्यूँ नहीं देते

अफ़लाक[1] से अब और न उतरेंगे सहीफ़े[2]
इस बात की दुनिया को ख़बर क्यूँ नहीं देते

आवाज़-ए-जरस[3] डूबती जाती है ख़ला[4] में
हैरत है कि तुम इज़्न-ए-सफ़र[5] क्यूँ नहीं देते

छत पर जो सरे-शाम नज़र आता है उसको
ज़ीने[6] तो अता करते हो दर[7] क्यूँ नहीं देते

---

1. आसमानों, 2. धर्म-ग्रन्थ, 3. यात्रियों के दल के साथ रहने वाले घण्टा/घड़ियाल, 4. शून्य, अन्तरिक्ष, 5. सफ़र का हुक्म/स्वीकृति, 6. सीढ़ियाँ, 7. दरवाज़ा।

बहुत लम्बा सफ़र था
पहुँचना भी मगर था

उसे क्या पूछते हो
वो सचमुच बेख़बर था

गली सुनसान क्यूँ थी
वो शायद बाम[1] पर था

बदन तक थी रसाई[2]
फिर उसके बाद डर था

उसे क्या तूल देते
जो लम्हा मुख़्तसर[3] था

सभी उस पार उतरे
अकेला मैं इधर था

---

1. छत, 2. पहुँच, 3. संक्षिप्त।

उसी ने रक्खा है महरूम[1] रौशनी से मुझे
मिरे वजूद[2] के चारों तरफ़ जो हालः[3] था

वो दास्ताँ तो किसी और से तअल्लुक़[4] थी
हमारा ज़िक्र, समझिये कि इक हवाला[5] था

वो फ़र्त-ए-चारःगरी[6] में यही तो भूल गये
यह रोग हमने बड़ी मुश्किलों से पाला था

कहाँ से हो गयी सेराब[7] यह ज़मीन-ए-इश्क़
अभी तो अब्र-ए-तअल्लुक़[8] बरसने वाला था

---

1. वंचित, 2. अस्तित्व, 3. रौशनी का घेरा, 4. सम्बन्धित, 5. दृष्टान्त, उदाहरण, 6. चिकित्सा का बाहुल्य (अधिकता), 7. पानी से सिंची हुई, 8. सम्बन्धों का बादल।

तजस्सुस[1] मेरा लाहासिल[2] न जानो
मुझे अपनी सदा[3] पहचानने दो

तुम्हारी बात भी रह जाये, लेकिन
हमें भी अपना कहना मानने दो

नहीं दाद-ए-हुनर[4] देने का दा'वा
मगर अच्छा-बुरा तो जानने दो

गुहर[5] टपके कहाँ से कौन जाने
अभी अश्कों[6] से शबनम[7] छानने दो

---

1. तलाश, 2. निष्फल, 3. आवाज़, 4. कला, (गुण) की प्रशंसा, 5. मोती, 6. आँसुओं, 7. ओस।

नज़्में

मर्द-ए-कमाल

तेरी याद में मस्त अलस्त[1] हुए
तेरे ज़िक्र में दुनिया भूल गए

तेरे वस्ल[2] के चर्चे शाम ढले
तेरे हिज्र[3] की चिन्ता भोर भए

तेरे हाल में जब बेहाल हुए
हम शहर में मर्द-ए-कमाल[4] हुए

---

1. हर समय प्रकृति से मस्त रहने वाला, 2. मिलन, 3. वियोग, 4. गुणी व्यक्ति।

नज़्म

कभी दिल पर जब्र[1] भी करना है
कभी ऊँच कि नीच भी सहना है

कभी याद भी कर लेना है उसे
कभी शाम-ए-फ़िराक़[2] में रहना है

कभी उससे छुपाकर रखना
कभी उससे हाल भी कहना है

दुख देना है दुख सहना है
इसी आलम[3] में अब रहना है

---

1. अत्याचार, 2. वियोग की शाम, 3. दशा, हालत।

इंसाफ़ इतना अहम[1] क्यूँ है

हो सके तो सबसे पहले एक उक़्दः[2] हल करें
हर किसी से पूछ लें—"इंसाफ़ क्या है?"
और जब यह जान लें इंसाफ़ क्या है
फिर यह पूछें
आख़िरश[3] इंसाफ़ इतना अहम क्यूँ है?

शायद इस उक़्दे का कुछ हल 'एगामैमनन्'[4] कर सके
जिस ने कज किरदार[5] औरत के बदन से खेलने की चाह में
एक ज़िन्दा शहर को ताराज[6] करने की सई[7] में
कर दिया कुर्बान बेटी को भी अपनी राह में
(एक कज किरदार औरत के बदन से खेलने की चाह में)
माँ[8] ने अपनी नेक सीरत[9] लाडली की मौत का बदला चुकाने के लिए
(ख़ुद को गोया मुद्दई[10] भी और मुंसिफ़[11] भी समझ कर)
उसके क़ातिल बाप की गरदन उड़ा दी

इस पे बेटा[12] तैश[13] में आया कि, बस
अपनी माँ पर क़हर[14] वो ढाया कि, बस
(ख़ैर जो जैसा करेगा, वो तो वैसा ही भरेगा)
लेकिन इतना जान लेना क्या बुरा है
ख़ून का बदला हमेशा ख़ून क्यूँ है
आख़िरश इंसाफ़ इतना अहम क्यूँ है

{ऐगामैमन यूनानी ड्रामानिगार 'ऐकलस' (AESCHYLUS) के ड्रामाई सिलसिले 'ORESTEIA' का अहम किरदार है। उसने अपनी बेटी को कुर्बान कर दिया था ताकि जंग 'ट्राय' में उसे कामयाबी हासिल हो। उसका बदला लेने के लिए लड़की की माँ ने ऐगामैमन्? को क़त्ल कर दिया।}

---

1. महत्त्वपूर्ण, 2. ग्रन्थि, जटिल समस्या, 3. अन्ततः, 4. Agamemnon, 5. टेढ़े चरित्र वाली, 6. नष्ट, 7. प्रयत्न, 8. CLYTEMNESTRA, 9. सत्प्रकृति, पुण्य स्वभाव, 10. दावा करने वाला, 11. न्यायकर्ता, 12. ORSTES, 13. क्रोध, 14. ज़ुल्म, आफ़त।

ऐ आब-ए-गंगा

ऐ आब-ए-गंगा[1]
तिरे किनारे पे जब से उतरा है कारवान-ए-हयात[2] अपना
हम अहल-ए-होश-ओ ख़िरद[3] कहाये
कि अक़्ल-ओ-दानिश[4] के लाख गौहर[5] समेट लाये
कि हमने इस दश्त-ए-बेअमाँ[6] को
हयात दी
कायनात[7] दी
अपनी ज़ात दी है
हमीं ने क़ंदील-ए-इल्म-ओ-फ़न[8] को किया है रौशन
हमीं ने तहज़ीब-ए-नस्ल-ए-इंसाँ[9] फ़रोग़[10] दी है
मगर यह तहज़ीब ख़ुदफ़रेबी[11] का रूप बनकर
सरों पे छाने लगी जहालत[12] की धूप बनकर

और आज वो दिन भी आन पहुँचा
कि इल्म-ओ-दानिश के सब लबादे
वो सारे मक़सद[13] वो सब इरादे
फ़िज़ाओं में तार-तार होकर बिखर गये हैं

---

1. गंगा नदी का पानी, 2. ज़िन्दगी का कारवाँ (यात्री-दल), 3. होश वाले और बुद्धिमान, 4. बुद्धि और विवेक, 5. मोती 6. शरणरहित जंगल, 7. संसार, 8. विद्या और कला का दीपकश 9. इनसानी सभ्यता, 10. प्रकाशित, 11. आत्मवंचना, 12. अज्ञान, मूर्खता, 13. उद्देश्य।

ऐ आब-ए-गंगा,
कि तेरी हर मौज मौज-ए-रहमत[1]
कि तेरी हर बूँद-बूँद अमृत,
तिरे किनारे पे उतरे इस कारवाँ को शायद
किसी मसीहा[2] नहीं, मदारी की जुस्तजू[3] है।

1. कृपा की लहर, 2. ईसा, 3. तलाश।

मंज़िल

मेरे लिए इस शहर से आगे
कोई शहर नहीं है

कोई दरिया कोई पुल
और कोई नहर नहीं है

इसके आगे नक़्श-ए-पा[1] हैं
रस्ता कोई नहीं है

लेकिन फिर भी मैंने अपनी
मंज़िल खोई नहीं है

---

1. पदचिह्न।

मेरा पसन्दीदः मंज़र

झे इन वादियों में सैर की ख़्वाहिश नहीं बाक़ी
ुझे इन बादलों से राज़ की बातें नहीं करनी

ुझे इस धुन्द की चादर में अब लिपटे नहीं रहना
मुझे इस आलम-ए-यख़बस्तगी[1] से कुछ नहीं कहना

मुझे मौहूम[2] लफ़्ज़ों का शनासाई[3] नहीं बनना
मुझे इस कार-ए-पुरइसरार[4] का दाओ़[5] नहीं बनना

मैं ख़्वाबों के दरीचों[6] में खड़ा रहने से क़ासिर[7] हूँ
मैं ज़िन्दा ज़िन्दगी की साअतों[8] का एक शायर हूँ

मुझे इक लहलहाते, झूलते पैकर[9] की ख़्वाहिश है
मुझे इन मंज़रों में ऐसे इक मंज़र[10] की ख़्वाहिश है

जमा हुआ वातावरण, 2. भ्रमात्मक, 3. परिचित, 4. भेदपूर्ण कार्य, 5. धर्माचार करने वाला,
, 7. असमर्थ, 8. क्षण, 9. शरीर, 10. दृश्य।

नज़्म

मुझको अकसर यूँ लगता है
मैं अब उसको भूल चुका हूँ
लेकिन मैं कुछ कह नहीं सकता
मुझको ऐसा क्यूँ लगता है

जून की शाम

जून की शाम है
वो लब-ए-बाम[1] है
अब्र[2] छाने लगा
दिल दुखाने लगा
उससे क्या काम है

1. छत पर, 2. बादल।

बिमल कृष्ण 'अश्क' की याद में

मैं अपने आपमें इक 'अश्क' ज़िन्दा देखता हूँ
जो जेठी भाभी के सारे करौंदे
एक-इक कर के चबाता है
मगर दाँतों की सारी किटकिटाहट झेल जाता है—
कि जिसको मँझली भाभी के वो अमृत बाण
लीमू[1] की कटी फाँकों से लगते हैं
वो जिसकी छोटी भाभी के घड़े में जितना कांजी था
वो सब पीकर भी जिसके होंटों पर तुर्शी[2] नहीं आयी—

मुझे महसूस होता है कि जैसे
दोस्तों-यारों की महफ़िल में
बिना दाँतों के आपने पोपले मुँह से
वो अब भी शे'र पढ़ता है,
सभी को दाद देने के लिए मजबूर करता है—

कभी ऐसा भी लगता है
कि उसने कुर्ब[3] ही में इश्क़ की धूनी रमाई है
जहाँ से हल्की-हल्की महक आती है
जो हर शै को मुअत्तर[4] करती जाती है

जो सच पूछो,
मुझे वो यार जब सारे-का-सारा याद आता है
हुआ है किस क़दर मुझको ख़सारः[5], याद आता है।

1. नीबू, 2. खटास, 3. निकट, 4. सुगन्धित, 5. हानि।

इक नार सलोनी

दुबली-पतली नार सलोनी
दिल आँगन सूँ पाँव धरे

डाल-डाल पर ले अँगड़ाई
पात-पात पर रक़्स[1] करे

वो अपनी मर्ज़ी की मलिका
ऐरे ग़ैरे से न डरे

बातों की बरसाए बारिश
नख़रों से तालाब भरे

1. नृत्य।

बाम-ओ-दर[1]

मेरी बस्ती अजीब बस्ती है
किस क़दर बदनसीब बस्ती है

छब निराली है ज़ीस्त[2] करने की
रौशनी और हवा से डरने की

खिड़कियों का रिवाज भी कम है
कल भी ऐसा था आज भी कम है

सारे दरवाज़े बन्द रहते हैं
तीरगी[3] का अज़ाब[4] सहते हैं

बाम पर आना-जाना होता है
बस यही इक ठिकाना होता है

1. छत और दरवाज़े, 2. जीवन, 3. अँधेरा, 4. दुख।

अज़ाब[1]

तेरे हिज्र[2] की लम्बी रात कटी
तेरे वस्ल[3] की साअत[4] आ पहुँची

इस बीच हमारी जानों पर
इक अरसः[5] ख़राबी का गुज़रा

अख़लाक[6] के अन्धे ग़ारों[7] में
रूहों की परस्तिश[8] करते रहे
हम जिस्मों के शैदाई[9] थे
जब जीना था तब मरते रहे

अब जा के यह हम पर राज़ खुला
रूहों की परस्तिश करने से
जिस्मों के अज़ाब नहीं मिटते

1. दुख, पीड़ा, 2. वियोग, 3. मिलन, 4. घड़ी, पल, 5. समय, 6. शिष्टाचार, सद्वृत्ति, 7. गुफ़ा, 8. पूजा, 9. आसक्त।

‘कौलरिज’ के नाम

ऐ ख़्वाबों के रसिया शायर ख़्वाबों की औक़ात[1] ही क्या
पलकें झपकीं, ठेस लगी और रेज़ः[2]-रेजः टूट गये
ख़्वाबनगर के बाशिन्दों[3] का दिन ही क्या और रात ही क्या
चढ़ते सूरज के ब्योपारी इनको अक्सर लूट गये

ग़ैरशुऊरी[4] और शुऊरी[5] तौर पे अपने ज़िहनों[6] में
कितनी इशरतगाहें[7] हँसमुख वादी में ता’मीर[8] करें
अपनी ज़ात का अक्स[9] उभारें वक़्त के ढलते लम्हों में
हर ख़्वाहिश को दासी रखें हर सुख को ज़ंजीर करें

लेकिन किसी के सुन्दर सपने इस जग को कब भाये हैं
यह जग तो अपने नैनों की नींदें तक भी लूटेगा
तेरे-मेरे जैसे इस दुनिया में कितने आये हैं
लेकिन वक़्त का बोझल ज़ंगआलूदः कुफ़्ल[10] न टूटेगा

ऐ ख़्वाबों के रसिया शाइर, ख़्वाब भी सच्चे होते हैं
तुझको देख के यूँ लगता है शाइर बच्चे होते हैं

---

1. इज़्ज़त, 2. कण, 3. वासी, रहने वाले, 4. असभ्य, 5. सभ्य, 6. मस्तिष्क, 7. विलास-महल, 8. निर्माण, 9. प्रतिबिम्ब, 10. जंग लगा हुआ ताला।

SUSPENDED ANIMATION

बेहिसी[1] चारों तरफ़ है सरगराँ[2]
आ गया मौक़ूफ़[3] होने का समां
ज़िन्दगी जैसे मुअत्तल[4] हो गई है

सब-के-सब गूँगी फ़ज़ाओं में मुअल्लक़[5] हो गये हैं
शिकवःसंज-ए-हमदिगर[6] थे, बेतअल्लुक़[7] हो गये हैं

सबकी शिरयानों[8] में यूँ तो ख़ून के चश्में[9] भी जारी हैं
मगर यह लोग जैसे ज़िन्दगी जीने से आरी[10] हैं

---

1. अनुभूति का अभाव, 2. रुष्ट, अप्रसन्न, 3. पदच्युत, स्थगित, 4. रुद्धकर्म, कर्म-बाधित, 5. त्रिशंकु, अधर में लटके हुए, 6. परस्पर एक-दूसरे को उलाहना देते थे, 7. असम्बन्धित, बेलगाम, 8. नाड़ियाँ, 9. स्रोत, 10. वंचित।

नज़्म

वो जवानी के नशे में लड़खड़ाती डोलती जाती हसीना

मैं हूँ इक पज़मुर्दः-ओ-पामाल[1] सा
दरमाँदगी[2] के क़हर का मारा हुआ बेहिस[3] मुसाफ़िर
जिसकी नज़रों में फ़क़त[4] उसके तआक़ुब[5] की सकत[6] बाक़ी बची है

फिर भी मेरे जिस्म के इक ज़िन्दा और जावेद[7] हिस्से में
यह हलचल
उनकी शाकी[8] है
जो कहते हैं कि मेरा जिस्म ख़ाकी[9] है।

1. उदास, मलिन और पद-दलित, 2. निःसहायता 3. अनुभूतिहीन, 4. केवल, 5. पीछा करना, 6. ताकत, 7. शाश्वत, 8. शिकायत करती है, 9. मिट्टी से बना हुआ।

सुब्ह़दम[1]

सुबूहदम
उसकी आँखों में
ढलती हुई रात का नशः-ए-वस्ल[2] है—
जिस्म
जैसे कि इक लहलहाती हुई फ़स्ल है

सदा-ए-बाज़गश्त[3]

इक सदा-ए-बाज़गश्त
गूँजती है कोह-कोह[4]
और दश्त-दश्त[5]
इंतिहाई[6] पुरकशिश[7] और दिलपिज़ीर[8]

है यह मेरा दाम[9]
मैं इसका असीर[10]

---

1. भोर में, बहुत तड़के, 2. मिलन का नशा, 3. प्रतिध्वनि, 4. पर्वत-पर्वत, 5. जंगल, 6. अत्यधिक, 7. आकर्षक, 8. रुचिकर, 9. जाल, फन्दा, 10. बन्दी।

एक मंज़र[1]

आसमाँ पर बादलों के क़ाफ़िले[2]
सुस्तरफ़्तारी[3] से
इक बेनाम-सी मंज़िल की जानिब[4] हैं रवाँ[5]
और ज़मीं की सेज पर लेटे हुए कुछ बेलबूटे
जिनके पत्तों और फूलों पर से उड़ती
रंग-बिरंगी तितलियाँ तख़्लीक़[6] करती जा रही हैं
अनगिनत नक़्श-ओ-निगार[7]
सुबह के उजले दरीचे[8] में खड़ी होकर बहार
कर रही है ख़ुशबुओं का इन्तज़ार
सिहन[9] की दीवार पर चढ़ती हुई
चिऊँटियों की एक लम्बी-सी क़तार—

सारा मंज़र एक उजली धूप है
रंग की बारिश में भीगा रूप है

---

1. दृश्य, 2. यात्री-दल, 3. धीमी गति से, 4. तरफ़, 5. गतिशील, 6. सृजन, 7. फूल-पत्ती, बेलबूटे, 8. खिड़की, 9. आँगन।

इक सितारा

सुना है
आसमानों में
कहीं पर एक ऐसा भी सितारा है
कि जिसकी रौशनी
सूरज की किरनों से भी बढ़कर है—
मगर अफ़सोस है
वो रौशनी हम तक नहीं आती

नज़्म

आसमाँ पर
औरतें-ही औरतें हैं

मर्द शायद एक है
वो भी कितना नेक है

नज़्म

फ़लसफ़ों की गूँज
'अफ़्लातून' की दानिश[1]
'अरस्तू' का कमाल

बादशाहों की शिकस्त-ओ-फ़तह[2]
'शेक्सपीयर' चाहता था जिस तरह चाहे करें
और 'मिल्टन' पर मुसल्लत[3]
जन्नत-ए-गुमगश्तः[4] का रंज-ओ-मलाल[5]

आदमी इक भीड़ में गुम हो गया है
कौन पूछे उसका हाल

---

1. बुद्धि, 2. हार-जीत, 3. आच्छादित, 4. स्वर्ग के खोने का, 5. कष्ट और दुख।

नज़्म

सुबह सवेरे, फ़ज्र[1] अँधेरे, काम एक ही करना
उसकी सख़ा[2] के सदके़[3] जाना उसके क़हर[4] से डरना
उसके नाम की माला जपना, उसके ही गुण गाना
अपने आपसे ध्यान हटाकर उसकी ओर लगाना
हम बन्दों के बस में नहीं है, क्या जीना क्या मरना
जो वो बुलवाये वो बोलें, हुक्म करे जो करना
अपनी लाचारी के क़िस्से खुद से कहना सुनना
अपने हिस्से में आया है जाल जादुई बुनना
ऊँट, खजूरें, चक्र, खड़ाऊँ, और सलीबें[5] भारी
हम पर एक ही सायः फैला, एक ही आलम[6] तारी[7]
ग़ैब[8] से उतरे काले अक्षर हम सबकी तक़दीरें
इन्हीं से अपने ख़्वाब सुनहरे इन्हीं से हैं ता'बीरें[9]
अहल-ए-इल्म-ओ-दानिश[10] की अब कौन सुनेगा बातें
ऐ दिल अपनी जेब में रख ले यह नादिर[11] सौग़ातें[12]

---

1. तड़के, मुँह अँधेरे, 2. दानशीलता, 3. न्योछावर, 4. गुस्सा, 5. सूली, 6. हालत, दशा, 7. छाया हुआ, 8. अप्रत्यक्ष, 9. स्वप्नफल, 10. विद्वान और बुद्धिमान लोग, 11. उत्तम, विचित्र, 12. उपहार।

अहद-ए-रफ़्तः[1] की ख़ुशबू

सुबहदम हम सज-सजा के बैठते हैं
अहद-ए-रफ़्तः की बची ख़ुशबू लगा के बैठते हैं

टेलीविज़न पर
बदन जब डोलते हैं
नौ-ब-नौ[2] इसरार[3] हम पर खेलते हैं

पहले भी देखे हुए मंज़र[4] दुबारा देखते हैं
जो कम देखा था, अब सारे-का-सारा देखते हैं

तभी इक हूक-सी उठती है दिल में
जवानी में न क्यूँ देखी यह फ़िल्में

1. बीता हुआ ज़माना, 2. नये-नये, 3. भेद, 4. दृश्य।

दोहे

तन मतवाला भोग का, मन लोचे बनवास
दो पाटन के बीच में, अपना सत्यानास

मन की चिन्ता छोड़िये, तन मैला ना होए
मन की क़ीमत ठीकरी, तन बाज़ार सँजोए

रूहों के संग्रामिये, डूब गये मँझधार
ज़िस्मों का पुल बाँधकर, हम तो हो गये पार

साजन गये हैं न्योतरे, राम भली ही होए
गोरी सूनी सेज पर, करवट करवट सोए

साजन तेरे बुलबुले, पल-पल छोड़ें झाग
कोई इसमें क्या करे, गोरी तेरे भाग

❑❑